ボクシング史料が語るアジア
《日本・フィリピン関係史》

乗松 優
Norimatsu Suguru

◉目次

執筆中に急逝された元後楽園スタヂアム副社長田辺英蔵氏、元東洋ジュニア・ライト級王者勝又行雄氏、元東洋フライ級王者三迫仁志氏、作家の安部譲二氏に本書を捧げる。（注ｉ）

はじめに

ボクシング関係者が残した史料が、いかに日本のアジア復帰を語り得るのか。本書はこの疑問に答えるべく、史料学的な観点から自著『ボクシングと大東亜――東洋選手権と戦後アジア外交』［乗松二〇一六］を取り上げます（注ii）。よく知られているように、ボクシングはある時期まで国際的な人気を博し、第二次世界大戦直後からアジア諸国間で活発な交流を生み出しました。そうしたグローバル・スポーツの隆盛を通して日本とフィリピンの関係を読み解く試みは、賠償交渉や戦犯釈放が中心的なテーマであった東南アジア研究に新たな視点を持ち込みました。ボクシングという大衆文化への着目は、政治家や外交官僚が主役とされていたアジア外交の舞台に、裸一貫で闘うボクサーや興行師たちが重要な役割を担っていたという事実を明らかにしたのです。

多くの研究者がそうであるように、私もまたひとつの作品を世に送り出すまでに多くの紆余曲折を経験しました。フィールドワークの過程で壁にぶつかっては、一から仮説を練り直すことも度々ありました。少し専門的な話をすると、研究書は一般的に「問い・主張・論証」が重視されます。そのため、いかなるプロセスを経て著者が一個の結論に辿り着いたのかという調査の〝舞台裏〟はほとんど語られません。そうした情報は不要なものと考えられてきたのです。しかし、ある歴史を検証しようとする行為は、それを経験した人々との間に濃密な人間関係を育みながら、一歩一歩実像に迫ることに他なりません。地を這うように事実を拾い集め、複雑に絡み合う解釈を解きほぐすことで初めて私たちは新たな歴史の扉を開くことができるのです。

とりわけ、史料が指し示す内容のみならず、その保存状況や所有者にとっての価値付けも、既存の歴史観を見直す重要な手がかりとなります。ひとつの事実でも立場や考え方の違い、利害関係などによって評価が容易に変わることは、読者の皆さまもご承知のとおりです。人間が持つ主観が史料作成に影響することを考えれば、史料の来歴はその信頼性や有効性を判断する根拠となります。史料批判は、歴史の深海にダイブしようとする者が迷子にならないよう、ナビゲーションの役割を果たすのです。そうした考えに基づいて、本書で掲載する写真には、経年劣化によるダメージや手書きで書き添えられたキャプションがわかるようにしました。

私が研究に取り組んだこの一五年余りは、戦後のボクシングに慣れ親しんだ世代から直接話を聞ける最後のタイミングでした。日本とフィリピンを渡り歩いた関係者は既に齢《よわい》七〇代、八〇代を超えており、多くの生き証人が既に故人となっていました。ボクシングからアジアを語り直す作業はいわば時間との戦いだったわけです。

世に流通する多くの研究書において、こうした史料の入手困難さはあまり表には出てきません。史料はいつでも「アクセス可能」であり、専ら著者の主張の正しさを保証するために登場するからです。しかし実際のところ、多くの研究者は、偶然や幸運に頼りながらも各地で集めた史料からある時代の歴史観を掴もうと努力してきたはずです。

このように歴史叙述を演繹的に捉える見方は、ともすると分かりやすさだけが優先され、根拠に乏しい情報が溢れかえる今日のソーシャルメディア時代において、歴史解釈を養う力になります。史料との出会いやその読み解き方に注目することは、多くの人たちにとって既に遠い過去になろうとしている「戦後」をどのように理解していくかについて考える一助になるのではないでしょうか。

戦中・戦後の日比関係

『ボクシングと大東亜』は、日本とフィリピンの関係史をボクシングという戦後の大衆文化から読み直した作品です。東洋選手権とは、一九五二（昭和二七）年から日比間で本格的に始まったボクシングの国際競技大会です。一九五四（昭和二九）年一〇月には、東洋選手権を統轄する東洋ボクシング連盟＝ＯＢＦ（Oriental Boxing Federation）が結成され、試合の運営や健康管理などを司るようになりました。コミッショナー組織の整備によって、東洋選手権はタイや韓国、インドネシアなどアジアの周辺国へも拡がっていきます。東洋選手権は一九五〇年代には八九回、一九六〇年代には一六二回も行われました。とくに、その中心は日本・フィリピン戦で、五〇年代には全試合の過半数にあたる四五試合が、六〇年代には四割にあたる六一試合が行われました。言うならば、ボクシングにおける「東洋一」は日本人にとって、フィリピンの牙城を崩すことを意味していたわけです。

しかしながら、東洋選手権が活気を呈していた時代、実際には日本とフィリピンは自由に人が行き来できるような状態にありませんでした。終戦から七五年を迎えようとしている今日、フィリピンが日本の占領地であったことや第二次世界大戦における激戦地であったことは、我々の記憶から徐々に忘却されつつあります。大戦中の両国関係を紐解けば、一九四二（昭和一七）年一月に大日本帝国陸軍（第一四軍）がマニラを占領し日本軍政が始まりました。アメリカ軍をバタアン半島に追いやり、ダグラス・マッカーサー（Douglas MacArthur）にフィリピン脱出を余儀なくさせた日本の快進撃はその後、アメリカが育成した在極東米国陸軍＝USAFFE（the U.S. Army Forces in the Far East）などによるゲリラ活動によって阻まれます。敵と一般市民の区別すらつかないゲリラ掃討作戦や軍票の乱発によるインフレーションの拡大など、日本は占領政策を通してフィリピンに混乱をもたらしました。一九四三（昭和一八）年一〇月には、日本軍政のお膳立てによってホセ・ラウレル（Jose P. Laurel）を大統領とする「フィリピン第二共和国」が樹立されますが、当のフィリピン国民はアメリカに逃れたマニュエル・ケソン（Manuel L. Quezon）の亡命政府との間で苦しい板挟みを経験します。彼らは国の存亡を賭けて日本、アメリカのいずれに与するかという究極の選択を迫られたのです。終戦間近の一九四四（昭和一九）年一〇月には、「アイシャルリターン」の言葉の通りフィリピンに戻ったマッカーサーの反撃が開始。翌年二月には、マニラに侵攻したアメリカ軍との間で激しい戦闘が展開され、一〇万人以上の市民が犠牲になりました。今日でもフィリピンでは、最悪の被害を出したこの市街戦を、日本人にとっての東京大空襲や沖縄戦に相当する記憶として語り継いでいます。

厳しい占領政策やフィリピン全土を巻き込んだ戦闘によって、戦後の日本―フィリピン関係は目も当てられないほど悪化しました。マニラは焦土と化し、大戦期間中に戦没したフィリピン国民は一一一万人にも上ったと言われています。前述の東京大空襲による犠牲者が推定一〇万人であることを考えると、その一一倍もの人々が亡くなった事実はいかに大戦末期のフィリピン戦が凄まじいものであったかを私たちに突きつけます。対する日本側の被害も甚大で、五〇万人もの人々が命を落としました。フィリピンに送られた将兵は六〇万人ですので、心身に傷を負った者も含めておよそ五人に一人しか日本の土を踏むことができなかったわけです。

フィリピンは戦時中、親日派と親米派に二分したため、戦後になっても容易に和解が進まず国民統合に多くの時間を要しました。戦後復興も思うように進まず、経済的にもアメリカに依存する状態が続いたことは言うまでもありません。そもそも、一九三四（昭和九）年の時点で独立を一〇年後に認めるタイディングズ・マクダフィー法（フィリピン独立法）が米比間で決まっていたため、日本軍によるアメリカの軍事力排除はフィリピンを戦争の泥沼に巻き込んだだけだったのです。

ところが冷戦の開始によって、アメリカは日本に対する賠償の求償国に権利の放棄を強く求めました。その理由はよく知られているように、早期に日本を経済復興させ、台頭する共産主義を他の国々とともに封じ込めるためです。可能ならば、多大な賠償を日本に課すことなく、日本がアジアへ復帰することをアメリカは望んでいたに違いありません。しかし、フィリピンは断固としてこれを拒否しました。フィリピンは、賠償なければ批准なしという強い態度で、対日平和条約（サンフランシスコ講和条約）に臨みました。流石のアメリカも、自らが深く関わった戦争で人口の六％を失ったフィリピンに強権を発動することもできず、フィリピンは数少ない賠償の獲得国となったわけです。

しかしながら、日比間で賠償交渉が批准に至ったのは、戦争から一一年経った一九五六（昭和三一）

年七月になります。その間、日本の新聞紙面では連日のように交渉の行方が報じられました。また戦犯裁判は、いかにフィリピンの法廷が日本人に厳しい態度で臨んでいるかを示しました。当然のことながら当時の日本社会には、「フィリピン＝対日感情の悪い国」というイメージが蔓延しました。日本人が危害を受ける恐れがあったため、特別な公務でない限り、日本から彼の地に渡る人はほとんどいませんでした。当時の日本人の感覚として、フィリピンとの関係改善が達成されるには、容易ならざる努力と覚悟が伴うと思われていたのです。

ボクシング東洋選手権とは

そうした時代に日比両国の関係改善に一役買ったのが、ボクシングでした。今日、ボクシングは数あるスポーツの一競技に過ぎませんが、まだ娯楽がそれほど多くなかった時代には国際的に行われる人気スポーツでした。今日のサッカーを想像してもらえれば、当時のボクシング熱が多少は理解できるかも知れません。アメリカの植民地支配を受けたフィリピンも例外ではなく、自他共に認めるボクシング先進国でした。

そもそもフィリピンにおける近代スポーツの発展は、アメリカ植民地政府の教育政策の先駆的な現象として現れました。反米感情の鎮圧化と同化政策を目指して、ベースボールやバスケットボール、水泳、テニス、陸上競技、バレーボールなどが彼の地に導入されたのです［小幡 二〇〇一：五五―六七］。ボクシングに至っては、一九一〇（明治四三）年には既にコレヒドール島の陸軍基地やルソン島中西部スービック湾の海軍基地の近くで地下興行が盛んになりました。第一次世界大戦の戦地へ出征していくアメリカ兵ボクサーの代わりに、地元の若者が地下興行に出場することで、ボクシング文化がフィリピン社会に早くから根付いていきます［Svinth 二〇〇一］。

例えば、日本から初めての世界王者が出たのは、白井義男がフィリピン系アメリカ人のダド・マリノ（Dado Marino）を倒した一九五二（昭和二七）年です。それに対してフィリピンでは、西ネグロス州出身のパンチョ・ビラ（ビリャ：Pancho Villa）が一九二三（大正一二）年にニューヨークでイギリスのジミー・ワイルド（Jimmy Wilde）を破り、世界フライ級王座を手中に収めました。試合翌日のニューヨークタイムズには、ノックアウト勝利したフィリピン人ボクサーを「ライバル」と呼び、その強打力を褒め称える元王者ワイルドの弁が掲載されました（注iii）。この時、ビラは若干二一歳。オーストラリアのフライ級王者、ジョージ・メンディス（George Mendies）に勝利して得た世界選手権の挑戦権でした［Sheehan 二〇一三：三五―六］。端的に言って、日本とフィリピンの間には三〇年の実力差があったわけです（写真1）。

各国のボクシング界は、フィリピンをいつかは乗り越えるべき目標と捉えていました。そのため「東洋一」を決める東洋選手権は、どれだけフィリピン人選手の実力に肉薄できるのかに世間の注目が集まったのです。私が知る限り日本において、一九五〇年代末までの東洋選手権は、世界選手権に匹敵するほど人気がありました。元東洋フェザー級王者、金子繁治氏を例に挙げれば、一九五五（昭和三〇）年一二月七日に行われたエミール・ビル・テンデ（ティンデ：Emil Bill Tinde）との東洋王座防衛戦で、三千五百ドル（一ドル三六〇円換算で一二六万円）ものファイトマネーを稼いでいます。これは、その当時の国家公務員上級試験に合格した大卒初任給の五年分以上に相当します［乗松 二〇一六：二五二］。

〈写真１〉東洋フライ級王者、矢尾板貞雄（左）をハワイの自宅で歓待する元世界級フライ級王者、ダド・マリノ。敗戦後の日本に世界戦の機会をもたらしたマリノもまた、アメリカに住むフィリピン人だった＝矢尾板貞雄氏提供

　白井義男が日本人として初めて世界王者になった一九五二（昭和二七）年には、世界王座はわずか一団体一〇階級しか存在しませんでした。それが今や、世界ボクシング協会＝ＷＢＡ（World Boxing Association）や世界ボクシング評議会＝ＷＢＣ（World Boxing Council）、国際ボクシング連盟＝ＩＢＦ（International Boxing Federation）、世界ボクシング機構＝ＷＢＯ（World Boxing Organization）の四団体一七階級にまで膨れあがりました。単純計算して、一〇人しかいなかった世界王者が六八人にまで量産されたわけです（注ⅳ）。怪

我や兵役などの理由で「正規王者」が防衛戦を行えない場合のために、各団体が「暫定王座」制度を設けたのは周知の通りです。さらに、ＷＢＡに至っては二〇〇一（平成一三）年から防衛回数の多い王者を「スーパー王者」として認定し、王座の乱立に拍車をかけました。こうした傾向は、他競技と比べてそれほど頻繁に試合を行えない格闘技としての欠点を補った結果ですが、その対価として王者の価値は相対的に低下しました。選手権の公認団体がひとつしかなく各階級にたったひとりしか王者がいなかった時代にあって、「チャンピオン」が今とは比べものにならないほど特別な存在だったことは容易に想像ができるでしょう。厳密に言えば、「東洋一」は「世界一」の下位に位置しましたが、戦後において国際舞台でチャンピオン・ベルトを巻くことはそれだけで人々を魅了する説得力があったのです。

一九五二（昭和二七年）年に戦後初めて日本─フィリピン間で行われた東洋選手権は、後に国際ボクシング殿堂入りするフィリピンのロッペ・サリエル（サレアル：Lope Sarreal）と、アムステルダム五輪に出場経験がある岡本不二によって開催されました。驚くことに、日比間の関係改善において新たな一歩となったこの大会は、チャンピオンを認定する統轄組織（コミッション）が存在しませんでした。つまり、日本とフィリピンの国際戦に世間の注目を集めようと、ロッペ・岡本両氏が戦前に数回行われていた東洋選手権の看板を再び持ち出し、装いも新たに復活させたのです。

ここで読者の皆さまに考えていただきたいのですが、「東洋」とは一体どこからどこまでをさすのでしょうか。インドは入るのでしょうか。トルコは「東洋」でしょうか。私たちは今日、サッカーのアジアカップで日本代表がイランやＵＡＥ代表と闘う姿を目にします。初めて、アジアカップを見たとき、日本が中近東のチームと同じ「アジア」という枠組みで括られることに違和感を覚えた方は少なくないのではないでしょうか。「日本一」や「世界一」が指し示す範囲は極めて明白です。それに対して、「東洋一」はその時代や社会によって姿、形を変える曖昧なカテゴリーです。

今でも田舎に行けば年配の方々が、「東洋一」に似た表現で「三国一」という言葉を使うのを耳にします。「三国一の婿」や「三国一の花嫁」は、新たに家族に加入するメンバーを褒め讃える最上級表現です。この言葉は、中国やインドを表す唐土や天竺に日本を加えた三つの国が世界の全てであった時代の名残で、言うまでもなく「三国一」は「世界一」を指します。こうした地域概念がある種の世界観を形成するように、敗戦からそれほど年月が経っていない一九五〇年代初頭に、「東洋一」という言葉がアジアからの撤退を余儀なくされた日本人の心に甘美な響きをもって受けとめられたことは想像に難くありません。アジアにおいてフィリピンが紛う事なく、ボクシング界のトップランナーであったことを考えると、大会主催者の目論見もあながち間違いではなく、「東洋」はその言葉が指し示す曖昧さゆえに、興行において耳目を集める有効な手段として機能したわけです。

この機知に富んだ発想が実現したのは、ダニー・キッド（Danny Kid）やレオ・エスピノサ（Leo Espinosa）、フラッシュ・エロルデ（Flash Elorde）など、一九五二（昭和二七）年以降に続々とフィリピンからスター選手を送り込んだロッペ・サリエルの存在が大きいと言えます。彼の興行師としての才覚は、戦前の中国大陸で開花しました。もともと、ジャズ・トランペッターであったロッペは、耳の高い技術力やパフォーマンスが求められる上海租界や北京で一四もの楽団を率いていました。

肥えた欧米出身の観客を前にして、ロッペは彼らが何を欲するのかに敏感でした。また、遠洋航海を経て入港したアメリカ軍艦艇のボクシング大会を見に行くことが好きだった彼は、いつの日かこのスポーツのビックマッチを自ら手がけることを夢見ます。不幸にして、日比関係は戦後長らく断絶状態が続きますが、それこそがボクシングの新参者であったロッペの参入を容易にしました。国際的なスポーツ市場によるライバル興行師の不在が、彼に活躍の場を与えたのです。さらに、我が国が朝鮮戦争の後方基地の役割を果たしたことで、ロッペはアメリカ軍兵士や軍属、その家族を相手にしたフィリピン・レストラン、「バンブーグローブ」で成功を収めました。彼はバンブーグローブがあった東京・五反田を根城にしながら、日本で次々とアメリカ軍や日本のボクシング関係者の人脈を作っていったのです。第二次世界大戦前、マッカーサーがコモンウェルス（独立準備政府）初代大統領のマヌエル・ケソンの依頼で軍事顧問を務め、フィリピンと深い関係にあったことはよく知られています［増田 二〇〇九］。そのこともまた、彼の事業にとって大きな追い風となったのでしょう。

その後、東洋選手権の主導権は豊富な資金力を持つ実業家へ移っていきました。その人物こそ、後楽園スタヂアム社長を務めた田辺宗英でした。田辺は戦前からボクシングの敢闘精神に並々ならぬ関心を寄せ、自宅にボクシングジムを作るなど、選手の育成に心血を注ぎました。一九五四（昭和二九）年に早々と東洋ボクシング連盟が設立されたのも、この田辺が音頭を取りフィリピンやタイのボクシング界を動かしたためです。彼は「ボクシングを通じて加盟国相互の親善と協力の確立」を力説しました（注v）。阪急電鉄社長で宝塚歌劇団の創始者であった小林一三や、立憲政友会幹事

〈写真２〉白井義男（左から４人目）とレオ・エスピノサ（右から４人目）に挟まれた田辺宗英。白井の左隣には日本テレビの正力松太郎が、写真の右端にはロッペ・サリエルが確認できる。戦後のボクシング界を支えた裏方たちが一堂に会した一枚＝金子繁治氏提供

長の田辺七六を兄に持つ田辺は政財界の舞台裏から兄たちの事業を支援していく中で、政治力や交渉力を身につけていったのです（写真2）。

しかしながら、東洋選手権は単純に「友好」や「親善」だけを目的に実施されたわけではありませんでした。というのも、田辺は日本のボクシング界を束ねるコミッショナーという肩書きとは別に、右翼の大立者という顔もあったからです。彼は戦前、山梨勤皇会や愛国社で熱弁をふるい、欧米列強によるアジアの植民地支配を鋭く批判しました。愛国社と言えば、田中義一《ぎいち》率いる政友会や、濱口雄幸の民政党の両内閣時にも、政府の対外政策を退嬰的として反政府運動をした組織です。彼自身、玄洋社の頭山満に私淑していたこともあり、辛亥革命にも参加した末永節《みさお》に経済的な支援をしました。

その田辺が統率するボクシングが国民的な人気を獲得していくのは、テレビの登場と深い関係がありました。彼が日本テレビの正力松太郎と公私に亘って親しい間柄であったことは、スポーツが大衆化した理由を考える上でとても重要です。今となっては信じられませんが、私たちの生活に欠か

せないテレビは、その導入期において経営の先行きを不安視されていました。特に外貨が貴重だった一九五二（昭和二七）年に、吉田茂首相が莫大な設備投資を必要とするテレビの導入に猛反対したことは放送史の中ではよく知られています。その問題を乗り切るために登場したのが、街頭テレビでした。正力はテレビを関東一円の駅や公園、デパートなどに置き、高価な受信機を買わなくとも一般庶民が放送を見られるようにしたのです。街頭テレビは、当時の日本人にとって馴染み深い存在となり、一七インチから二七インチ程度のテレビに何百人もの人々が群がる風景は、戦後の風物詩としてあまりに有名です。後方から見ている人からすれば、テレビは豆粒ぐらいの大きさだったに違いありません。

映画界に比べて通信技術も撮影設備も貧弱であったテレビ業界にとって、スポーツ中継は打って付けのコンテンツでした。今日、プロ野球ひとつとっても数え切れないほどのカメラが用いられていることは周知の通りです。フィールドのみならず、ベンチやダグアウトまでカメラが入り込み、視聴者は家にいながら選手の一挙手一投足を詳細な解説と共に見ることができます。何でも映し出すテレビは、スタジアムで直接観戦することでは味わえない「全知全能感」を視聴者に与えているかも知れません。

しかし、テレビが初めて日本に登場した時代、限られた機材や人材で中継をせねばなりませんでした。その点、ボクシングやプロレスなどのリングスポーツは、テレビ放送黎明期においても、今日と比べてあまり遜色のない迫力のある映像を放送することができました。というのも、リングそれ自体がブラウン管の四角い画面にすっぽり収まり、わずかなカメラでほとんど全ての様子を報じることができたからです。田辺宗英の一声によって後楽園スタヂアムから日本テレビに提供されたこのスポーツ・プログラムは、新時代のマスメディアと抜群に相性の良いコンテンツとなりました。

それでは、なぜ右翼の顔役が戦後、東洋選手権の成功に心血を注いだのでしょうか。それは、彼が敗戦というトラウマをボクシングによって埋め合わせしようとしたからだと考えられます。田辺は戦後も、天皇を中心とした国づくりを重視し、国体の護持を訴えました。彼は「東海の君子国に帰れ」という短い文章の中で次のように書いています。

我々はこの機会（筆者註：敗戦とそれに続く占領）に於て日本建国の理想と日本本来の真姿を深く回顧する必要がある。そして、我々は本来の日本に帰ろうではないか。日本の本来の姿は「東海の君子国」である。義は君臣、情は父子の生命の法則に依て肇国され、君臣四海一家の国である［田辺一九六九：一五八］。

この田辺の掛け声もむなしく、「大東亜戦争」や「八紘一宇」などの言葉を禁止する「神道指令」などによって、アジア進出を肯定的に捉える見方はＧＨＱによって厳しく取り締まられました。表だって政治的な主張ができなかった時代、彼は近代スポーツであるボクシングを普及することで、アジアを舞台に「東洋一」を競う東洋選手権を実現させたのです。

戦後、日本に乗り込んできた最高権力者がマッカーサーその人であったことも、ボクシング界には追い風となりました。彼はウエスト・テキサス・ミリタリー・アカデミーに通っていた一八九六（明治二九）年、アメリカンフットボールでクォーターバックを務めるほど、熱心なスポーツの愛好家でした。また、一九二七（昭和二）年にアメリカ・オリンピック委員会会長に選出されたマッカーサーは、翌年のアムステルダム・オリンピックへ米国選手団を率いる重責を担いました。マッカーサーは一九四七（昭和二二）年二月五日に、高級副官部高級副官補陸軍大佐ジョージ・R・コナー（George R. Connor）を通じて、第八軍司令官（Commanding General, Eighth Army）や極東空軍司令官、アメリカ陸軍司令官（Commanding General, Far East Air Forces, United States Army）、第二四軍団司令官（Commanding General, XXIV Corps）、フィリピン―琉球軍司令官（Commanding General, Philippines-Ryukyus Command）、マリアナ―小笠原軍司令官（Commanding General, Marianas-Bonins Command）、極東軍司令官、総司令部、司令部サービスグループ（Commanding General, Headquarters and Service Group, Headquarters, Far East Command）へ兵士のオリンピック参加を促す文書を発令しています（注vi）。マッカーサーはわざわざ、軍隊の作戦行動に支障がない限り「あらゆる実行可能な機会が、オリンピック出場に向けて練習し準備する有能な個人に与えられる」と通信しています（注vii）。

また、日本人に対しては、一九四七（昭和二二）年から一九五四（昭和二九）年まで自らの名を冠したマッカーサー元帥杯スポーツ競技大会を開催しました。第一回大会の報告書には、「本元帥杯競技が将来の国際親善に資すると共にスポーツのみが有する最大の努力を最大の歓びとする、明朗にして努力的な日本人を造り、スポーツに依る正義と平等の観念を徹底普及して、一日も早く平和と文化を基調とした、実に世界的な、且つ人類的な高度日本民族の育成に、寄与せむ事を只管念願するものである」と、スポーツによる国民教化の効能が謳われています（注viii）。卓球・硬式テニス・軟式テニスで構成されたこの大会は、マッカーサーの統治によって日本の民主化が順調に進んでいることを示す格好の宣伝媒体になりました。柔道や剣道といった武道が、国粋主義の権化として槍玉に挙げられ社会から排除される一方で、近代スポーツは新たな支配者によって優遇されていったわけです。

こうした背景もあり、ボクシングはアメリカからお墨付きを得たスポーツになりました。田辺が音頭を取って日本・フィリピン・タイの間で東洋ボクシング連盟を立ち上げた際、東洋は密かに大東亜や東亜に代わる言葉としての役割を期待されました。しかし、ここで「東洋一」とは、あくまで政治と一線を画したボクシング界のフィクションであったため、いかにアメリカであろうとも興行のあり方に口を差し挟む理由はありませんでした。東洋選手権というリージョナル・タイトルがある種、政治的なイデオロギーを覆い隠す隠れ蓑になっていたわけです。したがって、その参加国が大東亜の勢力圏と重なっていたことは偶然ではありません。外地を喪失し、帝国から「三等国」に成り下がった喪失感を埋め合わせるために、東洋選手権は実施されたのでありました。田辺にとって、フィリピンを倒し「東洋一」になることは、戦前果たしきれなかった大東亜の夢をスポーツという「虚構の世界」で実現する試みに他ならなかったのです。

ボクシング史料から歴史を描くことの意味

このように、東洋選手権というアジアを舞台にしたスポーツ大会は、一度は挫折した大東亜の「リベンジマッチ」（報復戦）でした。しかし、この結論に至るまで、私は調査方法について大変苦労しました。というのも、スポーツを歴史的に検証する際、研究室で行われる化学実験のように試合を寸分の違いもなく正確に再現することは不可能だからです。また、優に半世紀以上過ぎた試合を観戦した人々を探し歩き、アンケート調査のようにまとまった数の感想を集めるなど現実的ではありません。たとえ対象者を特定できたとしても、私の取材に彼らが必ず応じてくれると誰が断言できるでしょうか。スポーツを語ることは、既に存在しないもの、あるいは再現し得ないものに向き合うことを意味します。そこで私は、外交史料館や専門図書館などがその価値を十分に認めた史料のみならず、ボクシング関係者が個人で大切に保管していた史料を渉猟することにしました。

ところで、なにゆえボクシングに関する史料が注目に値するのでしょうか。結論から申し上げれば、それはこれらの史料が日本とフィリピンの関係を再検証する上で、極めて新しい知見を提供してくれるからに他ありません（注 ix）。反日感情が厳しかった戦争直後に、アジアの複数国にまたがって行われた東洋選手権は極めて稀な出来事でありました。この時代のボクシングはしばしば政治の表舞台に登場します。例えば、一九五三（昭和二八）年八月八日には、兵庫・甲子園プールにおいて比国戦犯釈放感謝試合が開催されました（写真3）。第二次世界大戦中に、日本軍とアメリカ軍の戦闘によって妻子を含む親族を失ったエルピディオ・キリノ大統領（Elpidio Quirino）が対日関係改善を名目に、モンテンルパ刑務所に服役中の日本人戦犯に特赦を発表したのです。前述した田辺宗英は直ぐさま、大統領に対して「比国戦犯釈放感謝のメッセージ」を発表しました。写真の吊り看板に書かれた文字を読むと、「戦犯釈放感謝記念　日比交歓ボクシング大会前夜祭」とはっきり書かれていることがわかります。この大会は、ボクシングがスポーツの枠組みを超えて、外交関係に接点を持った初期の出来事でした。

〈写真３〉日本人戦犯釈放を記念して行われた日比交歓ボクシング大会前夜祭。舞台上には日本とフィリピンの代表選手が上った＝ラウラ・エロルデ氏提供

　また、翌年四月二〇日には、試合のためにフィリピンを訪れた日本人ボクサー一行をラモン・マグサイサイ大統領（Ramon Magsaysay）がマラカニアン宮殿で歓待するという「事件」が起こりました（写真4～6）。大統領は、後に東洋フライ級王者になる三迫仁志氏の身体に触ってみて、「君は三迫君？　フライ級だね。わしも、いまはヘビー級だが、グローブを握ったころは、君と同じフラ

〈上から写真4～6〉マラカニアン宮殿で、ラモン・マグサイサイ大統領（バロン・タガログの男性）を前に緊張した面持ちの三迫仁志（左から２人目）と赤沼明由（左端）。大統領のジョークによって緊張感がほぐされた表情を見せる三迫＝三迫仁志氏提供

イ級だったんだ。」とジョークを飛ばして、ファイティング・ポーズをしてみせたそうです（注x）。マグサイサイと言えば、大戦中ゲリラとして日本軍を苦しめた闘士です。一方、日本からの選手を引率したのは、戦前の右翼団体である愛国社に所属していた元日本ウエルター級王者、野口進でした。野口は一九三三（昭和八）年一一月に、ロンドン海軍軍縮条約に反対して、民政党総裁若槻礼次郎を上野駅で襲撃した人物でもあります。私が三迫仁志氏からお聞きした話では、野口進を含めて一行全員、フィリピン政府当局に身柄を確保されることを覚悟したそうです。根っからの国粋主

義者と元反日ゲリラの大統領が会見するところに、戦後のボクシングの特殊性があります。東洋選手権の実態に迫れれば、ボクシングが日本のアジア復帰にいかなる役割を果たしたのかについて明らかにすることができます。とくに、この殴り合いを旨とするスポーツが競技の枠組みを超えて日比関係の要所要所に現れるのは、ボクサーが比較的自由に国際移動できたことと、ボクシングそのものが一見すると脱政治的であったことに関係があると推測されます。

これほど外交とボクシングが接点を持っていたにもかかわらず、東洋選手権はアカデミズムの世界で議論されることは全くありませんでした。スポーツの社会的・歴史的意義が注目されるようになったのはごく最近のことで、戦後の第一回大会から今日に至る約七〇年の間に史料の多くは失われたり、散逸してしまいました。オールドファンがわずかに知るばかりであった東洋選手権の軌跡を追うことは、それこそ雲を掴むような作業の連続であったのです。

大まかに言って、ボクシング史料と私が呼ぶ物には以下の二点があります。第一に、新聞や雑誌などの定期刊行物や外交史料館に保存されているような公文書。第二に、関係者が保存していた写真や備忘録、証言といった個人文書（私文書）。これらには、ポスターやチケット、プログラムなど、試合が終わったら捨てられるようなものも含みます。前者は多くの場合、学芸員によって目録化され、その価値が明らかになっています。それに対して、後者は未整理で史料の中身も来歴も知られていないものが含まれています。史料の所有者以外には、何の価値も見出せないガラクタに映ることもしばしばあるでしょう。

しかし、私は個人文書も公文書と等しく重視し、研究に活用することにしました。なぜならば、

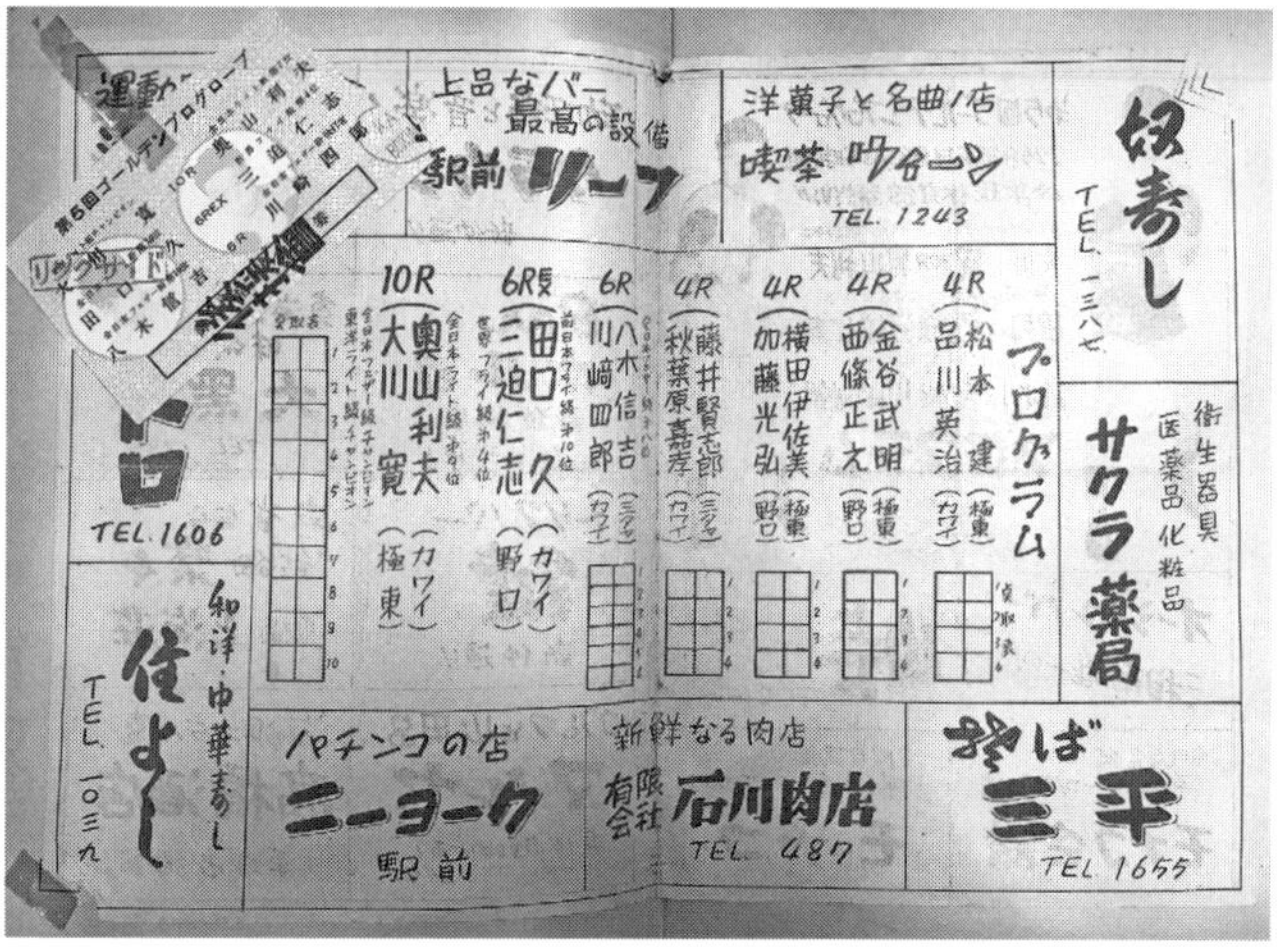

〈写真７〉三迫仁志がファンから譲り受け、大切に保存していたスクラップブック。1958（昭和33）年１月23日に平塚市で行われた試合のプログラムには地元のご贔屓筋が広告を出した。こうした史料は試合が終わったら直ぐに処分され、現存していることが少ない＝三迫久子氏提供

個人文書は外交史料館など公的機関が収集しきれなかったスポーツの史料を補完していると考えられるからです。スポーツ選手やファンは、たとえ試合が終わった後も記念となる品々を捨てたりすることは決してありません。それらは彼らが過去を振り返る密やかな楽しみとして蓄積されていくのです（写真７）。記録史料の本質が、「社会的存在としての組織体ないしは個人が、その活動を遂行する過程で特定の目的をもって作成または授受し蓄積した一次的な記録情報」［安藤 一九九八：二七］であるならば、個人文書は歴史の実像に迫る上で十分な資料的価値を発揮することでしょう。ましてや、東洋一が世界へ向かう通過点に過ぎないと考えられている今日では、東洋王者が世界王者に肉薄するほどの人気を有していた事実を想像することすら困難です。個人的な経験として記憶していると思っている風景や出来事が、仲間と共に語り合われることである集団において共有されるように［有馬 二〇〇二：一六］、数々の熱戦が記された個人文書は、日比関係史からこぼれ落ちたスポーツ交流を今に甦らせる依り代となり得るのではないでしょうか。

個人文書における証言と記憶

個人文書の中には対話によって得られる証言も含まれます。一般的に、歴史や社会を扱った研究書は「神の視点」から描かれることが多いため、叙述の中に調査者本人が登場することは稀です。欧米列強の自文化中心主義を批判したブロニスラフ・マリノフスキーがトロブリアンド諸島の住民らに複雑な心境を抱いていたことが、彼の死後発見された日記［マリノフスキー 一九八七］によって明らかになったように、フィールドワーク中に調査者が感じた〈他者〉への心情が研究発表の場で赤裸々に吐露されることはありません。しかも、調査者は無意識のうちに対話の相手を純粋無垢な存在として捉え、彼らが取材を通して受ける影響を不問に付しがちです。したがって、何か特別な理由がない限り、調査する者と調査される者との関係性が顕在化することは珍しいのです。しかし、聞き手の存在なしに対話が成り立つことなどあり得るでしょうか。

そもそも権力者や政治家でもない限り、自らの人生が公的に重要な意味を持つと確信している人はそれほど多くありません。そのため、個人が保有する記憶は、新たな歴史の扉を開く可能性を秘めていたとしても、語り継がれることのないまま、関係者の死とともに失われてしまうことが多々あります。彼らが自らの経験を語るのはそれに耳を傾ける者がいるためで、その意味においても聞き取りは調査する者とされる者との相互行為と言えます。

もっとも証言の中には、虚偽や誇張、思い込み、間違いが含まれています。現在という時点から過去を回想する以上、話し手が語った「事実」が実際に起こったことと必ずしも一致するわけではありません。しかし、それでもなお証言が重要なのは、ある出来事が彼らにとっていかなる意味を持つのかが対話を通して明らかになるためです。事実はたったひとつだとしても、その評価は限定されてはいません。多くの場合、歴史を解釈するためのコードは、それを読み解こうとする人間が生きた時代や所属した集団の影響を受けています。特定の集団が有する歴史観は、教科書で習うような「正史」と同調することもあれば、反対にそこからはみ出していくこともあるのです。

したがって十分な思慮のないまま、今日の価値観に基づいて歴史上の出来事に一方的な評価を与えることは慎むべきです。なぜならば、過去の人間にとって私たちは物事の帰結を知る「未来人」だからです。故人は、私たちが下した評価に反駁すら行うことができません。往々にして私たちは物事をシンプルに眺めたいという誘惑に囚われますが、歴史を「圧縮」して語ってはいけません。複雑なものは複雑なまま受け止め、ありのままに理解せよと教えて下さったのは、我が師、有馬学九州大学名誉教授（現福岡市博物館館長・日本近現代史）でした。関係者が持つ生の史料は、ある時代を生きた人々が感じたリアリティに接近する手段となります。時には矛盾するような歴史の断片をひとつひとつ丁寧に集め整理することで、初めて私たちは私たち自身が「史実」と呼ぶ場所に近づけるのです。

ボクシングの世界においては、一旦招請を受ければ多くの選手が海を越えて興行に参加しました。

一般の人ならば尻込みする国交問題や反日感情ですら、ボクサーに渡航を躊躇させる理由にはならなかったのです。ボクシングがグローバル・スポーツであるが故に、関係者の歩みを検証することは国境を越えたより広い視点で歴史を語る可能性を秘めています。各国で人気を博した東洋選手権は、戦後日本のアジア復帰を象徴する出来事であったにもかかわらず、公的な記録に断片的に登場するに留まります。行政が作成し保存する公文書において、戦後のアジア関係は専ら賠償問題や戦犯釈放問題に向けられているのです。

記憶の持つ社会的側面に注目したアルヴァックス［二〇一〇：一六―七］は、記憶が純粋に個人的でなく集合的なものであることを指摘しています。彼によれば、共通の記憶を有することは、ある人たちが同一の集団に帰属していたことを物語っています。私が個人文書における証言を重視するのは、かつて「東洋一」という枠組みで世界観を形成した人々が、海を挟んだあちらとこちらに存在していたことを明らかにできると考えたためです。その一方で、港［一九九六：一六八―九］が指摘するように、回想している個人の感情や身体感覚は、記憶が成立するための前提条件となります。ふとした香りや味覚が引き金となって、それまですっかり忘れていた記憶が突然甦った経験は誰しもお持ちのことでしょう。そうした点を踏まえるならば、傷つくことを厭わず、強敵を求め世界を渡り歩いたボクサーの経験（痛みの共有や技巧の習得、対戦相手やファンとの出会い）に耳を傾けることは、日本―フィリピン間でどのような人間関係が作られていたのかを読み解く鍵になると言えます。

フラッシュ・エロルデ夫人との出会い

フィリピンでのフィールドワーク中、最も重要な出来事はマニラ郊外に住むラウラ・エロルデ氏との出会いでした。彼女は、国際ボクシング殿堂入りしたマッチメーカーのロッペ・サリエルの娘であり、フィリピンの英雄と呼ばれた東洋バンタム級、ライト級と世界ジュニア・ライト級の王座を手中に収めたガブリエル・フラッシュ・エロルデの妻です。エロルデは日本にも馴染みがあるボクサーで、一九五二（昭和二七）年に戦後初の東洋選手権に参戦して以降、東洋フェザー級王者の金子繁治や東洋ライト級王者の小坂照男、東洋ライト級、世界ジュニア・ライト級王者の沼田義明などと拳を交えました。生涯戦績一一八試合のうち約四割にあたる四六試合を日本人ボクサーと闘い、我が国のボクシング界に大きな影響を与えました。

当然のことながら、フィリピンのボクシングを描く以上、ラウラ氏は私が真っ先に会うべき重要人物でした。フラッシュ・エロルデもロッペ・サリエルも既にこの世を去って久しく、彼女は往年のボクシング時代を知る数少ない生き証人の一人でした。ラウラ氏は若い頃から父・ロッペと共に日本で生活し、エロルデとの結婚も上智大学に隣接する聖イグナチオ教会で挙げました。フィリピン・ボクシング界の母なる存在は、大の知日家でもあったわけです。

私はこの女性に会うべく、国際マッチメーカーで後に世界ボクシング殿堂入りするジョー小泉氏の紹介を得て、単身灼熱のマニラに乗り込みました。初めてラウラ氏を訪れる前、私は佐藤ヒデキ氏の写真集『Philippines・Boxer』〔一九九九〕を念入りに読みました。しかし、その本を通して作り上げたイメージ＝スラムの中の資金力に乏しいジムは物の見事に裏切られました。彼女は、ボクシングや闘鶏の試合ができるスポーツ施設や所属ボクサーたちの寮、レストランを兼ね備えた広大な敷地の大邸宅に居を構えていたのです。フィールドワークのため、同時期に現地入りしていた私のもう一人の師、清水展京都大学名誉教授（現関西大学特別任用教授・文化人類学）から高級ウィスキーを譲って貰い、エロルデ家への土産物にした、という失敗談を書けば、どれほどラウラ氏がボクシングで成功したかがわかるかも知れません。

ラウラ氏はエロルデやロッペの死後、フィリピンのボクシング界を牽引した人物です。非常に小柄で高齢でしたが、矍鑠《かくしゃく》としてバイタリティに溢れた女性でした。普通の人ならばとうに引退している年齢でありながら、彼女は敷地内に自らのオフィスを構え、何人もの部下を従えてジムの経営に関わっていました。ラウラ氏は忙しい仕事の合間を縫って、毎日のように私の調査に協力をしてくれました。自宅に作られたミュージアムには、試合の記録が掲載された新聞記事や写真、トロフィー、チャンピオンベルト、エロルデの胸像がところ狭しと並べられていました。彼女を訪ねてくるマスコミやボクシング関係者がこの部屋を訪れれば、フィリピンで最も成功したボクサーの生涯が学べるというわけです。

フィリピンに滞在している間、私はエロルデ家の邸宅の一間に住みながら、史料収集と関係者のインタビューに取り組みました。日本にも滞在し、往年の名選手の活躍を間近で見ていた彼女の話は迫力がありましたが、毎日少しずつ話を聞くにつれて私はあることに気がつきました。それは、ラウラ氏の語りが事実と正確に符合するものの、あまりにも定型的な語りに尽きるという点でした。一般的にインタビューは協力者がうまく応えられなかったり、言いよどみや沈黙が流れたりするものですが、彼女は私からの質問に間髪入れず応答しました。よく言えば、質問者の立場や意図を理解し引用しやすいコメントを返してくれたわけですが、悪く言えばスポーツ紙に書かれていたことを確認する無難な答え合わせでした。

私が直面した問題は、著名なスポーツ選手やその関係者に見られる有名性の影響でした。普通の人とは異なり、彼女の人生において幾度となくボクシングに関する取材があったはずです。何度も取材を重ねる内に、聞き手と語り手の言葉が何層にも上書きされ、やがては強固な物語として構造化していったとしても何の不思議もありません。今風の言葉で言えば、ひな形や定型文を意味する「テンプレート化」によって、語りの持つ生き生きとした魅力が損なわれていたわけです。おそらく、フィリピン・ボクシング界を支えた重鎮であるが故に避けられない取材慣れが、彼女の中に定型的な語りを生み出す要因になっていたのでしょう。齢《よわい》八〇歳を迎えようとする人間が、半世紀以上も前の出来事を昨日のことのように諳《そら》んじられた背景には、インタビューへの耐性があったわけです。

この問題の突破口は、彼女が行李の中に大切に保管していた史料によって開かれることになりました。インタビューをしている最中に、ラウラ氏は偶然、倉の中にも未整理の品々があることを思い出しました。実際、彼女が部屋の奥から引きずって来た大きな行李の中には、家族アルバムや手紙、パスポートなど、一見するとボクシングとは関係のない史料が収められていました。来歴を知る人がいなくなれば、整理されてしまうかも知れないものが沢山含まれていたのです。しかしながら、それらは明らかに私の研究の方向性を決定するものばかりでした。とりわけ私が衝撃を受けたのは、ノーマ・ボニファシオ・サリエル（Norma Bonifacio Sarreal）が残した家族アルバムでした（写真8）。ノーマは、ラウラ氏にとって父方の従姉妹にあたります。ロッペ・サリエルの兄弟の娘として生まれたノーマは、彼と共に来日しフィリピン人ボクサー達の日常生活をカメラに収めました。残念ながら、ノーマは既にこの世を去りましたが、彼女が残した写真はラウラ氏に受け継がれていたのです。

ほとんどの写真には、ノーマ自身が書き込んだと見られるキャプションが付けられ、日々の暮らしぶりや既に故人となったボクサー達の人間関係が手に取るように分かりました。例えば一九五四（昭和二九）年に撮影された写真には、元東洋フェザー級王者ラリー・バターン（バタアン：Larry Bataan）と同バンタム級王者であったフラッシュ・エロルデ、ロッペ・サリエルらと共に、世界

〈写真8〉オートバイに腰をかけるノーマ・サリエル。写真のキャプションから1955（昭和30）年に撮影されたものと考えられる＝ラウラ・エロルデ氏提供

〈写真９〉ラリー・バターン（左から２人目）とフラッシュ・エロルデ（右から２人目）の手をあげるヘビー級王者ロッキー・マルシアーノ。写真の左端には満面の笑みを浮かべたロッペ・サリエル。1954（昭和29）年撮影＝ラウラ・エロルデ氏提供

ヘビー級王者のロッキー・マルシアーノ（Rocky Marciano）が写っています（写真9）。

マルシアーノと言えば、ジョー・ルイス（Joe Louis）やジェシー・ジョー・ウォルコット（Jersey Joe Walcott）など強敵を退けて、四九戦無敗のままリングを下りた伝説的なボクサーとして有名です。フィリピンの世界王者、マニー・パッキャオ（Manny Pacquiao）との対戦で約六億ドルもの興行収入をたたき出したフロイド・メイウェザー・ジュニア（Floyd Mayweather Jr.）が五〇戦無敗を打ち立てるまで、この記録は長年、破られることはありませんでした。同時代、ポスト白井義男として将来が期待されていた東洋フェザー級王者、金子繁治氏が理想としたのが、このロッキー・マルシアーノでした。乏しい情報環境の中で、金子氏は外国からの通信や映画の上演前に流されるニュース映画を何度も見て、マルシアーノのファイティング・スタイルを学んだと言います。ところが一九五四（昭和二九）年当時、フィリピンのボクシング界は既に、このヘビー級のスーパースターと親交があったのです。

また、一九五六（昭和三一）年の写真には、フィリピン人一行らがリラックスした表情で桜が満開の上野公園を散策する様子が写されています（写真10）。ここには、ロッペ・サリエルの息子で現在も国際マッチメーカーとして活躍しているジュン・サリエル（Jun Sarreal）やマネージャーのニコラス・ラウレル（Nicholas Laurel）、三迫仁志氏とも闘った元東洋フライ級王者ダニー・キッドが笑顔で酒まんじゅうを手に取る様子が写されています。繰り返しになりますが、この時点で日本とフィリピンの国交は正常化されていません。両国の国交が回復するのは、日比賠償協定と対日平和

〈写真10〉1956（昭和31）年、上野公園で酒まんじゅうを手に笑顔のフィリピン人選手ら。写真のキャプションには、後の東洋フライ級王者ダニー・キッド（左）や後の国際プロモーターロッペ・サリエル・ジュニア（中央）、マネージャーのニック・ラウレル（右）の名前がある＝ラウラ・エロルデ氏提供

〈写真11〉1956（昭和31）年４月15日、ロッペ・サリエル・ジュニアの誕生パーティーで撮られた一枚。ダニー・キッド（中央のスーツ姿の男性）とレオ・エスピノサ（右から２人目）、ノーマ・サリエル（右から４人目）が、和装の女性達と記念写真に収まっている＝ラウラ・エロルデ氏提供

条約が批准発効する同年七月のことでした。日比ボクシング交流を切り拓いたフィリピンのパイオニア達は、戦後処理を巡ってアジア各国で反日感情が吹き荒れていた時代に、いち早く日本に拠点を構えていたのでした。

さらに、「ロッペ・サリエル・ジュニアの誕生会（一九五六年四月一五日）」と銘打たれた写真には和装姿の女性が写っており、フィリピン人ボクサーと日本人の間で親密な交流があったことをうかがい知ることができます（写真11）。面白いのは、ビジネススーツに身を包んだダニー・キッドが礼儀正しく写真に収まっているのに対して、東洋バンタム級を一二回も防衛したレオ・エスピノサはキザな笑みを浮かべながら、着物の女性の肩に腕を回して伊達男っぷりを発揮しています。このエスピノサこそ一九五四（昭和二九）年五月二四日の世界選手権で王者・白井義男をギリギリまで追い詰めた名ボクサーでした。日本人記者でさえ、白井勝利の判定にホームタウン・ディシジョン（地元びいきの判定）をささやいた程でしたが、エスピノサは「私はただ試合をやるボクサーなのだから、試合の結果については何も言うことはない」と敗戦を受け入れました。キリノ大統領の「白井に勝てば特別機を差し向ける」という激励に気負ったもう一人の挑戦者、タニー・カンポ（Tanny Campo）が同じく世界戦の敗戦後に「白井のパンチでは蠅（フライ）も殺せない」と負け惜しみを口にしたのとは対照的でした［山本 一九八六：二一一、二三五］。写真に写るエスピノサの姿はこうしたエピソードとも相まって、物事に動じない大人びた雰囲気を漂わせています。

ノーマのアルバムは、ラウラ氏が記憶の奥にしまい込んでいたエピソードを引き出す呼び水になりました。何十年も顧みられることなく、埃を被った史料を手に取ったとき、懐かしさと共に当時の出来事がフラッシュバックした経験は、誰しも覚えがあるのではないかと思います。「そういえば……」という形で、彼女が父ロッペの思い出を語ってくれたのも、個人文書がもたらした意図せぬ結果でした。前作七九頁に紹介したラウラ氏の語りを引用したいと思います。

私たちが試合で大阪へ行ったとき、父はファイトマネーを支払ってもらえませんでした。しかし、彼は同行したエロルデにそのことを伝えませんでした。なぜならば、選手には一等車の座席を準備していたからです。乗車するなり、父は「バーサロンに行ってくるよ」と言い残して、戻ってきませんでした。エロルデは「いくら何でも遅すぎる。パパはどこだ」と探しに行きましたが、バーサロンに彼の姿はありませんでした。父は独り、三等車で眠りこけていたのです。それが、ロッペ・サリエルという人でした。父がもう少しビジネスに厳格であれば、私たちは今頃、お金持ちだったかも知れませんね。

ラウラ氏は時に英語で、時に片言の日本語で当時の想い出を語り始めました。大阪の興行主からファイトマネーを払って貰えなかったロッペが、その事実を家族に伏せたまま、帰りの列車の中でバーサロンに行くフリをして一人、三等車で眠りこけています。今となっては、それが事実であったか確かめる術はありませんが、このエピソードにはロッペがラウラ氏にとってどういう人間であったのかを物語っています。東洋選手権の意義について検証しようとする私にとって、ロッペは戦争によって破壊されたアジアのネットワークをスポーツによって回復した偉大な先人です。しかし、ラウラ氏にとっては、異国の地で家族やボクサー達に苦労をかけさせまいとする優しい父親でした。ボクシング史においてすらこぼれ落ちるようなこのエピソードは、私がロッペ・サリエルという人物を理解する上で非常に役に立ちました。

ノーマの史料は長い間、人目に触れることはありませんでした。それらはあくまで個人的なものと認識されていたため、他人に見せることを前提としていなかったのです。多くの関係者が故人となった今では、この史料の来歴や内容を知るのは、ノーマと同じ経験を有するラウラ氏をおいて他にはいないでしょう。その史料目録はラウラ氏の頭の中にあるだけで、公文書館のように整理されたものではありません。私が彼女のもとへ訪れなければ、そのまま公になることもなかったと考えられます。

個人文書・私文書の特徴として、多くの所有者は自分が持っている史料が歴史を語る上で取るに足りないと思っている場合が少なくありません。日本においても、身の回りの生前整理を意味する「終活」という言葉が定着し、歴史を検証する貴重な品々が早々に処分されるようになりました。所有者にとって個人文書が示す内容はあまりにも自明であるため、あらためてその価値を検証する必要性を感じないのかも知れません。それは、ラウラ氏のようなボクシング界の発展に寄与した人物にとっても例外ではありませんでした。当事者が亡くなれば、史料の散逸や歴史の風化は免れないのです。戦後という時代にボクシングの「東洋一」を闘ったという経験を有する者の証言や史料を集めることは、目に見えないある種のネットワークがたしかに海を越えて存在したことを感じさせます。国家の枠組みを超えた文化横断的な公共圏が大西洋を移動した黒人達の音楽や知によって形作られたように［ギルロイ 二〇〇五］、日本とフィリピンの間にもボクシングを通した公共圏があったのです。国際政治に翻弄されながらも、特異な存在であった東洋選手権が如何なるものであったのか、次に日本側の史料から迫りたいと思います。

勝又行雄とフィリピンの人々

私がフィリピン・ボクシングに興味を持ってから非常に大きな影響を受けたのが、東京都江戸川区西小岩でボクシングジムを営む勝又行雄氏でした。初めてお会いしたのは、フィリピン人ボクサーの取材で訪れたボクシングの聖地・後楽園ホールでした。お酒とお喋りが好きな好々爺という印象でしたが、名門帝拳ジムが生んだ日本フェザー級王者、高山一夫が壮絶な逆転ＫＯ負けを喫した相手が、この勝又氏だったことは後になって知りました。勝又氏は一九六〇年代初頭から精力的にフィリピンやオーストラリアで武者修行を重ね、ついにはタイのキリサク・バーボス（Kirisak Barbos）を下して東洋ジュニア・ライト級王者に輝きます。今から考えれば不勉強な私に快くいろいろな話をして下さった勝又氏には大変恐縮するばかりですが、偶然にも彼と出会ったことが、一人のボクサーが実際に戦後のフィリピンでどのような人間関係を形成したのかを知るきっかけとなりました。

勝又氏とフィリピンとの交わりを理解する上で、彼が一九六〇（昭和三五）年と一九六一（昭和三六）年の遠征時に撮った写真をご紹介するのが最も分かりやすいと思います。ラウラ氏の場合と違って、勝又氏がこの写真の存在を忘れているということはありませんでした。彼は、アルバムをボクシングジムの書棚に大切に保管していました。さりとて、誰彼に見せるわけではなく、私自身もこの写真を見ることができたのは、勝又氏の信任を得た後であったと記憶しています。もしかすると彼は、私が日本とフィリピンの関係史を学び、このアルバムの持つ意味を正しく理解できるようになるのを待っていたのかも知れません。その一方で、関係者の高齢化や逝去《せいきょ》によって、想い出が少しずつ消失していることへの危機感が、自分達の生きた証を誰かに伝えたいという欲求に変わったとも考えられます。

勝又氏が見せてくれたアルバムには、五九枚の写真が収められていました。これらの写真にもノーマの家族アルバムと同様に、高い資料的価値が認められます。勝又氏がフィリピンで武者修行したとき、カメラはそれほど高価なものではありませんでした。一九五〇（昭和二五）年にペンタプリズム式一眼レフカメラが登場したことによって、写真を撮るという行為が徐々に大衆化していったのです。多くの人にとって、写真は撮られるものから撮るものになりました。この変化は、ある時代の出来事を後生に残すという歴史的営為に、誰もが参加可能となったことを意味します。何気ない扱いやすく機動性に富むカメラの拡がりは、人々の記憶の保存方法を大きく変えました。何気ない

〈写真12〉フィリピン男性の正装、バロン・タガログに身を包んだ勝又（左から４人目）と、パニュエロと思しきスカーフを着用したフィリピン人女性（左から３人目）。写真11と比べれば、ほぼ同時期に日本とフィリピンでボクサーと地元の人々の交流があったことが伺える。1960（昭和35）年撮影＝勝又行雄氏提供

日常風景までもが撮影対象となることで、写真の中には歴史の表舞台には登場しない市井の人々の風俗や生き様までもが焼き付けられることになったのです。

今回、勝又行雄氏のアルバムを見直していて、女性が「パニュエロ」（panuelo）風の大判のネッカチーフ、あるいはストールを着用していることに気がつきました（写真12）。パニュエロはもともと、一九世紀末から二〇世紀初頭にかけてフィリピンの富裕層の女性達の間で一般化した服装を構成する要素でした。パイナップル繊維で丁寧な刺繍を施した「カミサ」（camisa：ブラウスの意）と同素材のパニュエロに、ゆったりとしたスカートを組み合わせるスタイルは、「マリア・クララ」（Maria Clara）と呼ばれていました。この呼称は、フィリピン独立運動の指導者ホセ・リサール博士の小説、『ノリ・メ・タンヘレ』に登場する美しいヒロインの名前に由来します［小瀬木 二〇〇四：三二一―六九］。

しかし、非常に高価で取り扱いに細心の注意を要するパニュエロは、女性解放が叫ばれた一九四六（昭和二一）年頃から廃れていきました。一九三五（昭和一〇）年から始まるアメリカ・コモンウェ

ルス時代には既に、手間のかからないポリエステル素材やジッパーを用いたバタフライスリーブ付きロングドレス、「テルノ」(terno)が考案され、女性の装いは大きく変化します[Manalo and Mapa 二〇〇三:二一―六]。

写真に写る女性の一人は、クリスチャン・ディオールが一九五五(昭和三〇)年に発表して世界的な流行となったAライン・ワンピースに、「パニュエロ」と思しきストールで胸元を覆っています。パイナップル繊維製のものであるか、あるいは刺繍が施されているかは確認できませんが、「バロン・タガログ」(Barong Tagalog)と呼ばれるフィリピン男性の正装をしている勝又氏らと非常に調和が取れています。〈ハレ〉の日の記念として写真に収まったのでしょうか。できるだけのお洒落をした女性達の前列左端には、はにかんだ表情でポーズを取る少年も写っています(注xi)。

ほぼ同時期に日本で撮られたもの(写真11)と比べれば、この写真の構図が驚くほど似通っていることに気がつくでしょう。場所と被写体が異なるだけで、ボクサーと現地の人々の身振りはかなりの程度、近似しています。日本ではフィリピン人ボクサーと和装姿の日本人女性が、フィリピンでは日本人ボクサーとパニュエロ風の衣装で着飾ったフィリピン人女性が仲良く並んで写真に収まっています。重要なのは、彼らが身体と身体が触れ合うゼロ距離で立っているという点です。

アメリカの文化人類学者、エドワード・T・ホールは、人が他者との距離において快適と感じる空間(縄張り)を、「密接距離」、「個体距離」、「社会距離」、「公衆距離」によって分類しました。彼によれば、一・五フィート、すなわち四五センチ以内に自己と他者の身体がある場合、両者の関係は愛撫や格闘、慰め、保護を意味します[ホール 一九七〇:一六五]。写真から明らかなように、彼らは敵対しているわけではありませんので、家族や恋人、親友などの間に存在する親しい間柄を作り上げていたと考えられます。

確かに、快適と感じる対人距離はそれぞれの文化に規定されますが、ボクシングを通した交流の背後では、日本とフィリピン政府の間で戦後賠償を巡って激しいやり取りが行われていました。戦争の傷跡が未だ生々しく、アジア諸国に反日感情が渦巻いていた時代において、日比両国の若者が温かみや匂いを感じ取れる位置で肩を並べたことは見逃せません。

計量の前日にやって来て、試合が終われば直ぐに帰国する今日のボクシング興行とは大きく異なる状況がここにあります。外貨に対する日本円の力が弱く、個人の海外旅行もままならなかった時代において、招請を受けたボクサーは長期間に亘って現地に滞留しました。彼らは、その国・地域の人々と生活圏を共有しながら、トレーニングや試合に臨んだのです。上述したホールは、各々の距離に結びつく行動と関係について、「人々がそのとき互いにどんな気持を抱き合っているかが、用いられる距離を決めるのに決定的な要素だ」と指摘します〔ホール 一九七〇：一六二〕。対人距離は心的距離とほぼ一致しており、人間関係の親密度を測るバロメーターと言えます。一九五〇年代から六〇年代初頭を通して、日比のボクシング関係者はスポーツを通して人間関係の再構築を行うという同様の経験を有していたのです。

本書ではあえて、勝又氏が書き残したキャプション（説明書き）を残して掲載することにしました。ビジュアルを補助的に用いて過去の出来事を描くだけならば、キャプションを提示する必要はそれほどないかも知れません。しかし、写真が持つ資料性に注目する目的においては、この「付加

〈写真13〉フィリピンで知り合った友人とタバコをふかす勝又（後列右）。勝又自身が書き込んだキャプションには、「政府の技術関係に勤めているニカドさん `60.12.12」とある＝勝又行雄氏提供

的」な情報はとても重要です。なぜならば、キャプションには撮影日時や場所、被写体の存在のみならず、撮影者が誰あるいは、何を「主役」に据えようとしたのかという意図が書き込まれている場合があるからです。また、シャッターを切る人物とそこに写る人たちとの関係性すら解き明かせることも少なくありません。

そうした点に配慮して勝又氏のアルバムに目を向けると、実に多種多様な人物が「固有名詞」を以て登場することに気がつきます。ざっと挙げるだけでも、バンタム級ボクサーのタイガー・ウィリー（Tiger Willie）、アナウンサーのジャニー・デェイビス（綴り不明）、パサイ市長パブロ・クネタ（Pablo Cuneta）、リサール市市長マックス・エストレラー（Max Estrella）、スポンサーのジーン・プヤット（Gene Puyat）、東洋フェザー級王者アーミー・ワンダーボーイ（Army Wonder Boy）、比島チャンピオン、リトル・セサール（Little Cezar）、プロモーター・サグレ（綴り不明）たちの名前が確認できます（注xii）。

写真13や14を見れば、フィリピン政府のエンジニア、ニカド（綴り不明）や、プロモーターであるサグレの娘、チャーリー（綴り不明）が、旧知の間柄のように一枚の写真に収まっていることが

〈写真14〉試合後、プロモーターの娘、チャーリー（右端）に労をねぎらってもらう勝又（右から２人目）と袴田（左から２人目）。「冤罪」と指摘されていたにも関わらず、47年７ヶ月にわたって獄に繋がれた袴田もフィリピンで熱戦を演じた＝勝又行雄氏提供

お分かり頂けるでしょう。この時代、日本とフィリピン間で国交は回復されていましたが、未だ日本からフィリピンへ行くことは命を賭けた片道旅行と考えられていました。事実、勝又氏もある試合の後、家族を戦争で失ったフィリピン人青年に刃物で狙われる経験をしています。普通に考えれば、最悪の印象しか残さないのですが、何度尋ねても彼は一貫してフィリピンに好感しか持っていないと答えました。

ボクシングの試合のために訪れた日本人選手が、自分の人生を表象するアルバムに、ボクサー以外の名前を書き留めることは、彼が現地でどのような人間関係を育んだのかを如実に物語っています。ニカドやチャーリーらが勝又氏を引き立たせる「書き割り」ではなく、血の通った生きた人間としてアルバムに登場することに注意を払うべきです。対戦相手のみならず、市井の人々が「固有名詞」をもって登場するのは、彼らが勝又氏にとって忘れがたい存在であったことを示しています。

勝又氏はこのアルバムを見ながら、リサール公園で市民から声援を受けたことを懐かしそうに語りました。リサール公園とは、フィリピン独立運動の闘士として知られる国民的英雄のホセ・リサール博士が処刑された場所で、フィリピン人にとっては支配と抵抗の歴史を否が応でも感じる聖地です。また、勝又氏がフィリピン国バンタム級王者だったリトル・セサールから大金星を取った際に、賭けボクシングで大もうけしたホテルのマネージャーと祝杯を挙げたことも、彼の記憶の中では重要な位置を占めていました。

これらのエピソードは、勝又氏の経験が「友好」や「親善」といった大上段からの関係ではなく、ボクシングを通して作られた等身大の人間関係によって支えられていたことを物語っています。誤解を恐れずに言えば、学を必要とせず裸一貫で殴り合うことを生業にするボクサーが、政治家や外交官僚といった高級エリートすら成し遂げられなかった信頼回復への一歩をしっかりと踏み出したのは、極めて痛快な出来事だと言えます。スポーツによって硬直した国際政治が再び動き始めた背景には、ボクサー自身がフェイス・トゥ・フェイスの繋がりを重んじたことが指摘できます。

東洋選手権という本筋から若干離れるのですが、袴田事件で四八年間拘置され、二〇一四（平成二六）年に再審決定（二〇一六年取消し）を受けた袴田巖も、勝又氏と共にフィリピンへ渡航しました。勝又家の家宝とも言えるアルバムには、袴田の姿も認められます（写真14）。袴田は一九六一（昭和三六）年四月一九日にリサール・メモリアル・スタジアムで、後にフィリピン・バンタム級王者となるマーシング・デビッド（Marcing David）に惜敗します。ちなみに、袴田には二〇一四（平成二六）年に、WBCから名誉チャンピオンベルトが贈られました。人種差別による冤罪で一九年間獄中生活を送った元アメリカ・ウエルター級王者のルービン・カーター（Rubin Carter）に次いで、史上二人目のベルト贈呈でした。多くの方にとって、カーターはボブ・ディランが「ハリケーン」という曲で歌い、『ザ・ハリケーン』という映画でデンゼル・ワシントンが主演した人物といった方が分かりやすいかも知れません。「ボクサーくずれの犯行」という偏見によって一九六六（昭和四一）年に逮捕された袴田は、日本人だと分かれば命はないと恐れられていた一九六〇年代初めのフィリピンで、勇敢にも地元の人気選手と拳を交わしました。戦後アジアとの交流史が風化する中で、その実績は再評価されるべきだと思います。

クリスチャン・ボクサー、金子繁治

最後に紹介するのは、東洋フェザー級王者だった金子繁治氏です。ピストン堀口とも闘った戦前の名選手、〝槍の笹崎〟こと笹崎僙《たけし》に師事した金子氏は一九五〇年代に最も人気を集めた選手で、強打が魅力のブルファイターでした（写真15）。一九五三（昭和二八）年一二月にフィリピンのラリー・バターンを倒した後、網膜剥離によって引退するまでの約五年間、東洋フェザー級の王座を守り続けます。前述した「戦犯釈放感謝記念　日比交歓ボクシング大会」に日本代表として出場したのもこの金子氏でした。日本で初めて世界王者となった白井義男や彼の師匠であるカーン博士からもその実力を認められ、白井が去った後の日本ボクシング界を牽引しました。

〈写真15〉笹崎ボクシングホールの前でファイティングポーズを取る金子。ホールの横には芝居小屋、「笹崎座」が併設されており、彼の後ろには大衆演劇のポスターが確認できる。ボクシングと芝居が共通の感覚で楽しまれていたことを示す一枚＝金子繁治氏提供

金子繁治氏の存在を抜きにして、東洋選手権の歴史を振り返ることはできません。特に、金子氏とフィリピンの国民的英雄フラッシュ・エロルデの対戦は、東洋選手権の初期を鮮やかに彩りました。後に世界ジュニア・ライト級チャンピオンになるエロルデはこの金子氏に四戦し、ただの一度も勝つことができませんでした。後に、金子氏は網膜剥離で引退を余儀なくされた一方で、エロルデが世界チャンピオンのベルトを腰に巻くことになるのは、運命のいたずらと言うべき類のものでしょうか。その二人のライバル関係を表す映像が今に残されています。それは、一九五五（昭和三〇）年頃に、宮田十三一《とみかず》監督によって映画撮影された『金子繁治物語』です（注xiii）。当時は、試合を映像で観られる機会が限られており、力道山や川上哲治、稲尾和久など、当代の人気選手の半生を描いた自伝映画がよく撮られていました。

『金子繁治物語』の目玉は何と言っても、一九五五（昭和三〇）年一〇月三日に〝大鉄傘〟との異名を取る両国国際スタヂアムで行われた金子―エロルデの第三戦です。金子氏はこの試合のために、生涯通算一〇三ものKO勝ちを積み上げた世界フェザー級王者サンディ・サドラー（Sandy Saddler）の指導を受け、持ち前の強打に更なる磨きをかけました。映像の中で、ナレーターは彼らの対戦を次のように実況します。

三回に入るや激しい打ち合いとなり、金子の左右ストレートとフックに流石のエロルデも防戦に終始しましたが、金子が打てば倍打ち返して反撃に出る辺り、流石にエロルデはうまくなり、そのままリード気味で金子、危うしの感じがありました。

打たせずに打つ近代ボクシングが定石であったフィリピン人ボクサーが、強打のインファイターと打ち合いを演じるなど大変奇妙なことです。相手の射程距離に入らないように距離を取ってパンチを当てていけば、エロルデのようなアウトボクサーは危険を冒すことなくポイントを積み重ねていくことができるからです。ましてや、エロルデは数ヵ月前に行われたサドラーとの対戦で、世界王者をフットワークで散々翻弄し勝利を収めたほどの実力者でもありました。

しかし、彼は金子氏との対戦であえて、アウトボクサーが苦手とする打ち合いに応じます。実力が拮抗していたとはいえ、エロルデが自慢の足を使えば、ライバルをリングに沈めることも難しくはなかったでしょう。この時、会場にいた誰もが、フィリピンからやってきた若干二〇歳の若者が強烈なパンチの応酬に堪えうるだけのタフネスを身につけていたことを知るのです。

後に、第四六代横綱となった朝潮太郎もリングサイドで釘付けになったこの一戦は、打ち合いを制した金子氏の判定勝ちに終わりました。しかし重要なのは、勝ち負けの問題ではありません。金子氏が十八番《おはこ》とするスタイルに真っ向勝負を挑むところに、エロルデがこの試合にかけた意気込みを感じさせるのです。『金子繁治物語』はリアルな映像を通して、生涯のライバルと呼ばれた日比のボクサーがリングでどのような試合を展開したのか、胸中の闘志を含めて鮮やかに甦らせます。

殴り合いを文化史として捉えた文化人類学者の樫永は、人をかくも夢中にさせるボクシングの魅力について男性性を手がかりに説明しています。彼は、「自分の心の奥の深いところにある劣等感、敗北感、自己否定の感情に対して、死に物狂いで闘いを挑み、打ち克つこと」が、過酷なトレーニングや試合に臨むボクサーの価値観を支えていると言います［樫永 二〇一九：二八二］。男性性は、生物学的な成熟によって自然ともたらされるのではなく、文化的に洗練され強化されることで初めて獲得されるものです。今日、致命傷を負うことも珍しくない成人への通過儀礼は見られなくなりましたが、ボクシングの世界では苦しみ傷つくことも厭わない「イニシエーション」を通して一人前の男性が未だに作られ続けているのです。

この指摘は、なにゆえボクシングが戦後の日比関係をリードしたのかという問いに応えるヒントになるかも知れません。二〇世紀に入って、日本は帝国への階段を一気に駆け上がりましたが、その威信は占領・植民地政策の失敗や第二次世界大戦の泥沼化によって失墜していきました。真珠湾攻撃の「だまし討ち」や一般市民を巻き込んだマニラ市街戦などは、日本から「男らしさ」を剥奪

〈写真16〉初期の笹崎拳闘倶楽部。金子（左）の背後の板塀には「世界選手権獲得へ!!」と仰々しく書かれているが、なんとなく写真に見切れた子ども達（両端）や家屋の佇まいが目標の過大さを物語る。金子が入門した頃の写真と考えられる＝金子繁治氏提供

していく象徴的な出来事でした。しかし、国際社会の信用が完全に失われた戦後、東洋選手権はそうした汚名をそそぐ機会を日本に与えました。少なくとも、格上の選手に勇敢に立ち向かう日本人ボクサーの姿は、ボクシング先進国であったフィリピンの人々にとって、日本に対するイメージを刷新する一助になったのです（写真16）。

金子―エロルデが育んだ人間関係は、日本とフィリピンが関係を正常化していくプロセスと軌を一にしています。しかし、金子氏が他のボクサーと違うのは、敬虔なクリスチャンでもあったということです。彼は、信心深い姉きよしの影響もあって、一九五二（昭和二七）年一二月にメソジスト派の流れを汲む東京都目黒区の碑文谷教会で受洗します。私は金子繁治というボクサーを描く際、彼の信仰心がフィリピンという〈他者〉を理解する上でどのように役立ったのか、直接聞かなければならないと感じました。しかしながら、金子氏からなかなか取材の許可はいただけませんでした。ようやく金子氏にお会いすることができたのは、私がフィリピンでのフィールドワークをまとめた論文を彼の元へ送った後だっ

たと記憶しています。

初めて金子ボクシングジムの門をくぐったとき、玄関で私を出迎えた小柄な老人が記録の中で読んだ〝スラッガー金子繁治〟と同一人物だとはどうしても思えませんでした。どれほど想像力を働かせても、物静かで紳士然とした雰囲気からは、日本中を沸かせた豪腕ボクサーというイメージに

〈写真17〉碑文谷教会で賛美歌を歌う金子（手前のスーツ姿の男性）。彼のアルバムで目立つのは、教会での活動風景だ。半世紀以上も前に現像されたため変形が著しく、写真の右端を卦算で押さえている＝金子繁治氏提供

〈写真18〉教会の前で、笹崎僙（中央の男性）と彼の家族とともに写真に収まる金子（右）＝金子繁治氏提供

結びつかなかったのです。慎み深さを旨とし、自分を飾ろうとしない彼の態度が、それまで取材を拒んでいた理由だと直感的に察しました。私はますます金子繁治という人間を作り上げた環境に興味を持つようになったのです。

　私は普通の取材方法では、彼の精神性に近づくことはできないと思いました。そこで私は、金子氏が大切に保管する史料の収集やインタビューを続ける傍ら、彼が通った碑文谷教会の礼拝にも参加しました。その教会は、彼が現役時代、汗を流した目黒の笹崎ボクシングホールから歩いて一〇分程の場所にありました。彼が持っていた写真の中には、ボクシングの練習や試合風景の他に、教会の活動に取り組む姿などを写したものが何枚も含まれていました（写真17と18）。信者の方に混じって賛美歌を歌うことはなかなか勇気がいる経験でしたが、少しでもクリスチャンとしての金子繁治氏に近づきたいという思いがありました。

　正直に告白すると、私が彼のキリスト教世界を理解するには十分な知識と経験が欠けていました。それでも、生前の金子氏自身や古参の信者の方から、〝ボクサー金子繁治〟に強い影響を与えた牧師親子について教えて貰いました。碑文谷教会で牧師を務めた大石嗣郎《つぐお》は、フィリピン戦の数少ない生き残りでした。さらに、嗣郎の父である大石繁治《しげはる》牧師が戦争中に特高警察から監視されていたことも知りました。ホーリネス教会弾圧に代表されるように、キリスト教の教えは国体を否定するものとして日本政府当局から敵視されていたのです。金子氏は戦後、この二人から戦争がフィリピンをどのように荒廃させたのか、また宮城遥拝の強制などに面して、自分達の親交を貫く上で払った犠牲について学びます。

〈写真19〉日本ボクシング・コミッション事務局長菊池弘泰（左から２人目）が立ち会う中、明るい表情で調印式に臨む金子（左から３人目）とエロルデ（右から２人目）。この写真から、二人がリングの上で相まみえるボクサーだとわかる人はどれほどいるだろうか＝ラウラ・エロルデ氏提供

クリスチャンとしてのボクシング観を表すエピソードがもうひとつあります。ボクシングでは、世界の頂点に立つことを、王座を「奪う」や「奪取する」といった言葉で表現することが少なくありません。しかし、金子氏はよく「王座は奪うものではなく、与えられるものだ」と口にしていました。王座を奪い取って相手を見下すのではなく、一生懸命に闘ってくれたことに感謝をすべきだと。彼はこの言葉を大石繁治牧師から学んだと言っていました。さらに金子氏は、エロルデが自分を世界のレベルまで引き揚げてくれた恩人だと言います。エロルデは何度負けても金子氏のために減量に堪え、四度の対戦を通して彼に世界で通用する技術を伝えてくれたからです。本来の適正体重がジュニア・ライト級であったエロルデが体重を絞りフェザー級の金子氏に挑戦する様は、漫画『あしたのジョー』に出てくる力石徹と矢吹ジョーのようでもあります。写真19は、試合前の調印式を撮影したものでしょうか。日本ボクシング・コミッション事務局長菊池弘泰に促されサインをする代理人に挟まれて、笑顔の金子氏

とエロルデが確認できます。
金子氏がこの世を去る数年前に私に見せてくれたものがあります。それは、彼が肌身離さず持ち歩いている手帳でした。表紙の角が取れ、破れも目立つ手帳の中には、対戦相手の記録や家族の誕生日、聖書の教えの他、次のような言葉が書き込まれていました。

私は信仰を「待つこと」だと思います。どのような状況にあっても、どのような境遇の中におかれても、けっしてあわてず、騒がず、思い煩わず、主の恵みに信頼し、主の愛と真実に信頼して、その主権的導きを信じて待つ。これがキリスト教信仰の真髄だと思います。［二〇〇三年一〇月一二日付、金子繁治氏の手帳から］

この言葉はとても短いながらも、彼の信仰心の一端が刻み込まれています。金子氏がボクシングを始めた時代、日本はまだ国際舞台に復帰していませんでした。どれだけチャンピオンを狙える器だとしても、敗戦国であった日本のボクサーは長らく世界のボクシング界から取り残されていたのです。彼は試合後に「よく頑張ったね」と対戦相手と讃え合ったと言います。たとえ、言葉がよく分からなくとも、相手に対する尊敬の気持ちは忘れてはならないというのが金子氏の哲学でした。というのも、試合に向けて減量や厳しいトレーニングなどをこなし、身体を極限まで追い込む苦労を分かち合えるのは、他ならない対戦相手だけだからです。リングで相対する人間は、自らが殴りつけ倒すべき存在でありながら、自分自身にとって最良の理解者であるという二重性を金子氏は意識していたわけです。世俗の住人には想像すらつかない節制を重ね、ボクサーとして生きる孤独と激しく傷つけ合う痛みを共有できるのはボクサー同士であるという認識が、日本とフィリピンの二人のボクサーを結びつけていたと考えられます。

おわりに

興行は大衆の欲望を巧みに酌み取って、それを集客や視聴率獲得の推進力に変えてきました。プログラムを提供する主催者は、その時々で人々が見たいものをスポーツという仮想の空間で具現化してきたのです。サッカーの日韓戦が因縁の対決と言われるように、人々を惹き付けるのは必ずしも心を打つ感動の物語である必要はありません。時には、過去の対立すら「動員」して、大衆の関心を呼び起こす手法さえ採られます。いわば、人々の感情を揺さぶる「燃料」さえ投下できれば、興行は衆目を集めることができるのです。それゆえ、大衆文化としてのスポーツを読み解く行為は、ある時代や社会において人々の意識の有り様を知ることに繋がります。

とくに、スポーツが新聞やラジオのみならず、テレビと結びついたとき、スポーツ観戦は個人を超えてより大きな共同体の形成へと結びついていきました。テレビによって視聴者が感じる「同時性」は、自らが国民的なイベントに参加しているという感覚を持たせます。自分の人生を語る時、スポーツの出来事がある種の参照点になることは、多くの方に馴染みがあるものではないでしょうか。一九六四（昭和三九）年東京オリンピックが開催されたとき、私はどこで何をしていただとか、王貞治がハンク・アーロンの持つメジャー最多記録を抜いて、通算七五六号本塁打を達成した一九七七（昭和五二）年、私は小学校何年生であったとか、スポーツが創出する出来事の幾つかはその時代を生きた人々にとって自らの人生を振り返る基準となります。ベネディクト・アンダーソンの「想像の共同体」を取り上げるまでもなく、メディアを媒介として我々は国民という共通意識を得ているわけです。

スポーツを語る意味とは何かと問われるならば、それは日本代表が金メダルを幾つ獲得したという「勝利至上主義」を超えたところにあります。日本が他国よりも勝ち星が多いと大喜びするのは、一瞬の勝負に人生をかけるアスリートの美しくも儚い生き方を理解することから遠くかけ離れています。勝負の結果のみに価値を置くことは、スポーツを語る魅力を大きく損なわせるのです。特に、興行は大衆の欲望に忠実であるが故に、ある時代や社会、世相を反映する鏡となります。それでは、日本人にとって東洋選手権にはどのような意味があったのでしょうか。それは「東洋一」を争うというモチーフが敗戦の衝撃を和らげ、アジア諸国との接近を可能にしたという点につきます。また、フィリピン人ボクサーの向こう側には、彼らにボクシングを手ほどきしたアメリカの存在が見え隠れしていたことも忘れるべきではないでしょう。〝フィリピン打倒〟は、大東亜と呼ばれた未完のプロジェクトを完遂し、かつての敵国にして戦後日本の新たな統治者に一矢報いる一挙両得の方法でありました。スポーツといえども、東洋の頂点に立つことで、日本人はカタルシスと癒やしを得ていたわけです。しかし、一九五六（昭和三一）年に出された『経済白書』は「もはや戦後ではない」と宣言し、我が国が「経済力」や「科学力」を武器に世界へ躍りだそうとした時代には、「東洋一」の価値は徐々に失われていきました。

何が「正史」として生き残っていくかは、我々の取捨選択の結果、言い換えるならば多くの歴史がせめぎ合うことで決定されます。東洋選手権が切り拓いたアジア復帰の道のりは長い間、語られることはありませんでした。オールドファンの間でその名称は知られていても、歴史の文脈から切り離された「東洋一」は世界への通過点に過ぎないと考えられてしまったのです。あるいは、日米関係が深まっていくにつれて、「アメリカ人レスラー」を力道山がやっつけるプロレス言説のみが戦後の大衆スポーツを代表する出来事として記憶されていったのかも知れません。

半ば忘れられた東洋選手権の意味、すなわち戦後日本がアジア回帰していく物語は、ボクシング史料と呼ぶものがあったからこそ明らかになったものです。この史料は政府や行政が発行する公文書や、大手新聞社などが出版する定期刊行物だけには留まらないということを改めて強調しておきたいと思います。アルバムや試合パンフレット、チケットなど、取るに足らないと思われているものの中にこそ、歴史を再検証する可能性が含まれています。さらに、史料が残っているだけでは不十分で、それらを語り継ぐ関係者の証言があって初めて、いかにして新たな関係性が構築されたのかを知ることができます。

私はしばしば、まわりの研究者から「史料に魅せられている」と言われました。日本―フィリピン関係史の専門知識など何も持たなかった学徒が、まるで史料に引き寄せられるかのように歴史の奥へ奥へと誘《いざな》われていった様子を指したものと推測します。私は愚直と笑われようとも、調査対象者がかつて歩いた土地を実際に訪れ、当時を知る関係者を探し出し、どんな小さな紙切れ一枚でも収集しました。そうした遠回りのフィールドワークに立脚することで見えてくる風景は、これまで「常識」として誰も疑わなかった世界の有り様とどこか異なっています。著名なスポーツ選手の記録を知ることは、このインターネット時代においてそれほど難しい作業ではありません。しかし、彼らを突き動かした行動原理や社会背景を理解するためには、ひとつひとつの史料が語りかける声にじっと耳を傾ける必要があるのです。

そうした意味において、純粋に個人的と思えるものの中にすら、ある時代や社会の影響を色濃く受けた痕跡を発見することができます。史料の中には、その制作に携わった当事者が意図せず、書き込んでしまった常識やライフスタイル（生き方）、ものの考え方があるのです。私にとってそうした史料こそが、戦後の日本とフィリピンを問い直す、言い換えればアジアと出会うきっかけになりました。東洋選手権が濃密な人間関係の上に作られていたように、歴史は決して一枚岩ではありません。歴史を紐解く面白さとは、時代の移り変わりと共に人間の営みが幾重にも折り重なっている様を学ぶことだと思います。

《質疑応答》

A：長時間のご講演、ありがとうございました。基本的なことなのですが、先生は何がきっかけでこの研究をされたのか、どういう点に注目して日本―フィリピン関係を研究されたのか、詳しく教えてください。

乗松：私はこの研究を通して、フィリピン・ボクシングの伝統を今日に甦らせると共に、日本のスポーツ界がどのように発展していったのか、その近代化の過程を伝えたいと思いました。

初発の動機としましては、私自身の経験に由来します。私がまだ現役でプロボクシングジムに通っていたときに、東南アジアの選手が頻繁に興行へ招請されるのを目にしました。大抵、元〇〇チャンピオンとか、〇〇ランキング何位という選手が来日するのですが、そうした選手にあてがわれる役割はいわゆる「噛ませ犬」でした。これは、勝ち負けがあらかじめ決まっている八百長を意味しているわけではありません。今後の成長が期待できる日本人選手を育てるために、かつて海外で名を馳せた選手の技術と経験、知名度が必要とされたのです。ボクシングは、厳しい体重管理が選手に課せられているため、あらゆる競技の中で最も公平だと信じられています。しかし、スポーツ界もグローバル経済の影響を強く受けており、国際競争力の弱い国の選手には「噛ませ犬」としての役割があてがわれています。

その一方で歴史的に見れば、フィリピンはスペインとアメリカの植民地支配を経験しましたので、アジアの中ではかなり早くから近代化が進みました（注xiv）。江戸時代よりも長い三百年余りの間、スペインに統治され、独立を勝ち取った後も米西戦争の勝利国アメリカの支配を受けたフィリピンは、近代スポーツへの目覚めが早かったと考えられます。その結果、パンチョ・ビラやセフェリノ・ガルシア（Ceferino Garcia）といった優れたボクサーがフィリピンから生まれました。渡辺勇次郎によってアメリカから本格的なボクシングが日本に伝えられたのは大正時代です。その時代から東洋選手権が開催される戦争直後まで、日本のボクシング界は、〝アジアにおける欧米〟フィリピンから影響を受け続けました。今日では想像すら困難でしょうが、スポーツの世界においてフィリピンが日本をリードしている時代があったのです。そうした歴史を掘り起こすことは、日本スポーツ界がどのように発展してきたのかについて正しい認識を得ることに繋がると思いました。

B：ボクシングは興行なので、いわゆる怖い世界の人が関わっているかも知れないと思いました。乗松さんは調査の中で怖い目に遭いましたか。

乗松：おそらく、怖い世界とはアンダーグラウンドのことをおっしゃっているのかと思います。私がフィリピンで調査を行っている時、元ヤクザで興行師になった瓦井孝房氏という方がまだご存命でした。瓦井氏自身、裏方に徹したため、彼に関する史料はほとんど存在せず、かなり長い間謎の人物でありました。しかし、彼こそロッペ・サリエルと共に、戦後の東洋選手権や世界選手権の開催に関わり、アジア各国で反日感情が厳しい最中でもボクシングのネットワークを作り上げた人物でした。その瓦井氏に一度だけお会いしたことがあるのですが、再会を前にして、彼はお亡くなりになりました。
当時の様子を振り返れば、瓦井氏はフィリピンの興行界においてボス的な存在でした。周囲に取り巻きがたくさん控え、うかつには近寄れないオーラを漂わしていたと記憶しています。ただ、私自身が怖い思いをしたことはありません。安藤組に所属していた作家の安部譲二先生にお会いしたときも、時折見せる眼力の強さに腰が引けましたが、かつてヤクザと興行界がどのように繋がっていたのかについて貴重なお話をお伺いしました。誤解を恐れずに言えば、日本のプロスポーツの黎明期は、そうしたアウトローの存在を抜きに語れません。今日と違って、興行界もメディアも未発達で混乱していた戦争直後において、彼らは試合を成り立たせる「必要悪」として存在したのです。残念なことに、この歴史は触れること自体タブー視されています。できるならば、私は今後も一研究者として、まともに検証されてこなかった興行界の功罪について研究を続けたいと考えています。

C：記憶に新しいところでは、世間を騒がせているボクシング連盟元会長の一件がありました。あの方も裏の世界と密接につながっている印象を受けますが、どのように考えていらっしゃいますか。

乗松：日本ボクシング連盟元会長、山根明氏はアマチュア・ボクシングを仕切ってきた人物であり、私が研究しているプロ・ボクシングとは全く関わりがありません。ただ、取材をしているときに、アマチュアの世界は非常に閉鎖的だと聞いたことがあります。まさか、あのような方がトップにいるとは思ってもみませんでした。なぜ一部の人間に権力が集中するのか、今日のスポーツ界が抱える問題を分析する上で、山根氏は適例を提供しています。

しかしながら、今後のスポーツ界では彼のような存在は全く受け入れられないでしょう。二〇一八年七月三〇日に配信された『朝日新聞ＤＩＧＩＴＡＬ』は、山根会長下の日本ボクシング連盟が、日本スポーツ振興センター（ＪＳＣ）から五輪選手に支給される助成金を不適切に使用していたと報じました（追記：二〇一九年二月一〇日配信の『時事ドットコムニュース』では、山根氏在任中の使途不明金が一千七百万円に上るとの報道があり、重大なコンプライアンス違反が疑われている）。ましてや、二一世紀になってもテレビカメラの前で堂々と反社会的勢力との繋がりを公言してしまうのは、一社団法人のトップとして不適任と言われても仕方がありません。

ドイツの社会学者マックス・ウェーバーが「支配の三類型」で指摘したように、カリスマ的資質を持った人間による支配は、今日においても珍しい現象ではありません。しかし、〈利己的〉か〈利他的〉かという点において、山根氏は戦後の興行界を牽引した瓦井氏とは一線を画します。山根氏に対する社会的評価は一旦、置いておくとしても、日本全体の傾向として専制的な組織運営のあり方は、二〇二〇年東京オリンピック・パラリンピックを前に見直しを迫られていくと思います。

Ｄ：愛国社や岩田愛之助というと、どうしてもインドネシアを連想してしまうのですが、フィリピンとの結びつきがあることを知り非常に嬉しく思いました。ひとつ質問ですが、ボクシング東洋選手権のように、キックボクシングにも何か政治的な思想性があったのでしょうか。

乗松：キックボクシングを生み出したのは野口修氏、野口進の息子です。修氏がまだお元気であった頃、銀座で行ったインタビューの中でキックボクシングの話も出てきました。結論から申し上げると、私はキックボクシングの誕生に政治思想のようなものはなかったと考えています。修氏は、愛国社社員であった野口進が若槻礼次郎襲撃事件によって収監されている間、同社創始者の岩田愛之助に育てられます。興味深いことに、彼は岩田の庇護を受けながら、父のような思想を持つには至りませんでした。野口進が海軍軍縮条約締結に向かう全権大使に実力行使をした結果、修氏は父親の顔を知らずに幼少期を過ごすことを余儀なくされました。もしかすると、岩田はそのことに少なからず罪悪感を感じていたのかも知れません。

修氏は岩田愛之助や野口進のような思想を持たなかった代わりに、興行師としての才覚を得ました。父親は元日本ウエルター級王者、弟の野口恭は日本フライ級王者。このようなボクシングの名門一家で育った修氏は、二十代の頃には既にタイに興味を持ち、パンチとキックが使える格闘技を日本で普及させようとします。彼は実験的に、バンコクで最初のキックボクシングのジムを開設しました。私も大学時代に、辰吉丈一郎と死闘を繰り広げたシリモンコン・ナコントンパークビュー（現在はリングネームをシリモンコン・シンワンチャーに改名）がトレーニングするタイのムエタイ・ジムで汗を流したことがありますが、日本の空手とは比べものにならないほど殺人的なパワーを持つ選手が多い印象を受けました。また、ラチャダムヌン・スタジアムやルンピニ・スタジアムには今も昔も、熱狂的なファンが集いムエタイ人気を支えています。修氏が、ムエタイをヒントにキックボクシングを生み出した背景には、本物の格闘技に対する興行師としての優れた感度があったのだと思います。真空飛び膝蹴りを必殺技に持つ〝キックの鬼〟沢村忠の活躍やキックボクシング・ブームによって、日本人のタイへの関心が高まったことはご承知の通りです。

＊外国人名の日本語表記は、郡司信夫、一九七六、『改定新版　ボクシング百年』時事通信社を参考に、日本のボクシング界でこれまで使われてきた呼び方に倣った。参考までに、別の日本語表記とアルファベット表記を丸括弧内にまとめた。

注

i　本書の脱稿直前に、元東洋ジュニア・ライト級王者、勝又行雄氏と元東洋フライ級王者、三迫仁志氏、作家の安部譲二氏の訃報が届いた。著者がフィールドワークのため、ブラジルとアメリカに滞在していた時のことである。

私にとって勝又氏は、日本―フィリピン関係史を検討するきっかけとなった大恩人であった。熊本生まれの頑固な気質と誰からも好かれる穏やかな人柄は、研究稼業を始めたばかりの私に安心感と確かな方向性を与えた。勝又氏が楽しそうに語るフィリピンの話には血の通った人々がたくさん登場し、これまで教科書で学んだ両国関係とは明らかに異なる交流があったことがうかがい知れた。彼は有名無名を問わずフィリピン民衆の機微に触れており、その温かい眼差しが私のフィリピン観を形成する上で大いに役立ったことは言うまでもない。現役選手を退いた後、ボクシング指導者として長年、日本とフィリピンの交流に尽力し続けた勝又氏は間違いなく、両国の相互理解の礎を築いた一人であった。

その一方で三迫氏は、ボクシングと政治の結びつきを考える上で欠かすことのできない証言と史料を提供して下さった。一般的には、輪島功一氏や三原正氏、有利正氏を世界王者に育てた名伯楽として評されることが多い彼もまた、日本とフィリピンの関係を改善した立役者であった。特に、今日の韓国・中国以上に厳しい態度で日本の戦争責任を追及したフィリピン大統領ラモン・マグサイサイとのエピソードは、国交回復前夜の雰囲気を伝えるものとして非常に興味深い。その一方で、一国を代表する国家元首とボクサーが面会するきっかけを作った彼の師、野口進が「右翼」と単純に切って捨てられないほど、戦前と戦後の連続性を象徴する人物だったことも、彼の証言から明らかになったことである。三迫氏との出会いがなければ、日本とフィリピン、アメリカという三つの国の狭間で、歴史の断片を拾い集める私の試みは永遠に完成することはなかっただろう。

『塀の中の懲りない面々』や『殴り殴られ』など数多くの名作を世に送り出した安部譲二氏も同様に、私の研究に欠くことのできない存在であった。安部氏は、ロッペ・サリエルが目黒区月光町に開いたジムで、後に東洋王者になるラリー・バターンやペドロ・アデグ（アディゲ：Pedro Adigue）のスパーリング・パートナーを務め、身を以てフィリピン人ボクサーの強さを学ばれた。また、彼は安藤昇の兄弟分であった丸井孝房を「おじさん」と呼んで親交を温め、共にインドネシア興行に関わるなど、戦後のボクシング界の裏も表も熟知していた。ボクシングとアンダーグラウンドの両方を生きたベストセラー作家など、後にも先にも彼をおいて他にはいないだろう。取材中、真剣に語っていたと思ったら、次の瞬間には突然冗談を飛ばして豪快に笑う安部氏の笑顔がとても懐かしい。ずっとお話に耳を傾けていたい。安部氏はそんな想いを抱かずにはいられない魅力溢れる方であった。

ここにあらためて、三人の偉大な先人へ感謝の気持ちをお伝えしたい。勝又行雄氏や三迫仁志氏、安部譲二氏は私にとって、漆黒の海を彷徨う船を港へ導く灯台のような存在であった。彼らは、海の物とも山の物ともつかなかった私の研究をいつも静かに見守ってくださった。日比関係を改善へと導いた故人の冥福を祈ると共に、ボクシングを愛し、ボクシングに愛された三人の人生が永遠に語り継がれることを祈念したい。

ii　筆者は講演当時、関東学院大学で兼任講師として社会調査を教えていたが、現在はポートランド州立大学歴史学部の客員研究員として米国で史料収集及び歴史研究に従事している。

iii　*New York Times*, Jun19, 1923.

iv　渋谷淳、二〇一六、「世界王者が六〇年で一〇人から八五人に!?　ボクシング界のビジネスと綺麗事。」、『Sports Graphic Number Web』文藝春秋（https://number.bunshun.jp/articles/-/825723、二〇一六年五月二三日閲覧）。

v　一九五四、『The Boxing』拳闘社、一六（七）：一三。

vi　ＧＨＱにおける部隊・階級名の日本語訳については、General headquarters, Supreme Commander for the Allied Powers, 1990, "History of the Nonmilitary Activities of the Occupation of Japan, 1945-1951 vol.3 Logistic Support" 日本図書センター、Appendix6 26-32, Appendix10 44-5 や、その対訳である連合国最高司令官

総司令部編纂、天川晃他編、一九九六、『GHQ日本占領史三　物資と労務の調達』日本図書センター、付録六一五一—六、付録一〇　一六八—七〇頁に加え、百瀬孝、一九九五、『事典昭和戦後期の日本　占領と改革』吉川弘文堂、五七の表記方法にならった。

vii　RG 331, Miscellaneous File 1948-52, Allied Operational & Occupation Headquarters, World War II, box 5406, National Archives, College Park, MD.（エントリー番号なし）

viii　RG 554, General Correspondence 1947, Records of General HQ, Far East Command, Supreme Commander Allied Powers, and United Nations Command, box 26, National Archives, College Park, MD.（エントリー番号なし）

ix　ボクシング史料を通して日本の近代化に注目したのは、木本［二〇一八］である。彼は、戦前・戦中を代表するボクサー、ピストン堀口が残した日記や戦績ノート、スクラップ・ブック、アルバムなどを素材として、未知の外来スポーツであったボクシングが日本社会に定着した過程を論じた。四七連勝という記録を打ち立てたこの不世出のボクサーは、攻撃を受けることも厭わずボディを連打する比類なきファイターであった。木本は、ピストン堀口の身体に刻み込まれた技術や彼の価値観に注目することで、欧米から持ち込まれたボクシングがそのままの形で日本人に受容されたわけではないと指摘する。

日本では既に「打たせずに打つ」近代ボクシングが理想とされていたにもかかわらず、堀口はあえてベアナックル時代への先祖返りとも言うべき闘い方を選び、ボクシングに武士道という「日本独自」の精神的支柱を持ち込んだ。戦時色が強くなるにつれて、この敢闘精神を重視するスタイルは軍国主義を象徴する存在に祭り上げられていく。

しかし、堀口が残した史料は、彼にとって武士道が自らを律する以上の価値を持たなかったことを示す。というのも、堀口は現役時代から怪我や病気に泣き、ボクシングに対する情熱をしばしば失いかけていたためである。彼が戦中に慰問巡業と外地遠征を精力的に行った背景には、膿胸のため徴兵検査で丙種と診断された心理的トラウマがあった。皇国の兵士として不適格の烙印を押されることは、当時の日本人青年が感じたであろう屈辱感をボクシング界のスター選手に与えたのである。個人文書があらためて、帝国の威信を裏付ける役割を担わされた一人のボクサーの葛藤を詳らかにしたことは大変興味深い。

x　郡司信夫、掲載年不明、「世界の王座を継ぐ鉄拳　三迫仁志物語（5）」掲載紙不明（三迫仁志氏のスクラップブックより）。

xi　フィリピンの衣裳について、愛媛大学法文学部の菅谷成子教授からご教示いただいた。貴重な文献や「ピーニャ」（piña：パイナップル繊維で細かな刺繍を施した織物）を拝見し、一八世紀から現代に至るフィリピンの風俗がどのように変遷してきたのかについて教えを請うた。なお、写真12右端の女性が身につけている広幅のつけ襟のように見えるものも「パニュエロ」の系統を引くものかもしれない。

xii　フィリピンの国民的歌手・女優として有名なシャロン・クネタ（Sharon Cuneta）は、勝又氏を歓迎したパサイ市長パブロ・クネタの娘である。

xiii　『金子繁治物語』をはじめ、白井義男とダド・マリノの世界フライ級世界選手権を記録した『世界選手権を賭けて』（一九五二年・大映）やその他の貴重な映像資料は、香川大学創造工学部末永慶寛教授及び、日本ボクシングコミッション・リングドクター、リングジャパン九州通信員の山田操医師からお借りした。実際の映像を通して在りし日のボクサーや試合会場の様子を確認できたのは、一九七〇年代生まれの私が戦後のボクシングを執筆する上で大きな助けとなった。末永教授は工学研究、山田医師は医師業の傍ら、ボクシング界に深くコミットメントし貴重な史料を収集され続けてきた。世界王者を数多く輩出しながら、未だボクシングの専門博物館を持たない日本にあって、その歴史が連綿と語り継がれているのは、こうした方々の不断の努力や飽くなき探究心によるものであることを明記しておきたい。

xiv　正確に言えば、初期のフィリピン統治はメキシコシティに設置された「ヌエバ・エスパーニャ副王領」（Nueva España：「新しいスペイン」の意）によってなされた。一五六五（永禄八）年のミゲル・ロペス・デ・レガスピ

（Miguel López de Legazpi）によるセブ島領有をきっかけに、マニラとアカプルコを結ぶガレオン船貿易の基礎が築かれ、スペイン帝国は太平洋の覇権を手中に収めた。その後、一八二一（文政四）年にメキシコがスペインから独立すると、約二五〇年間に亘って行われたヌエバ・エスパーニャのフィリピン統治は終焉を迎え、スペインによる直接統治が開始される［柳沼 二〇一三：二八三―三〇六］。

〈参考文献〉

安藤正人、一九九八、『記録史料学と現代――アーカイブズの科学をめざして』吉川弘文館、二七

有馬学、二〇〇二、「序　家族の数だけ歴史がある――家族アルバムをどう読むか」日向市史・日向市史編さん委員会編、『日向写真帖――家族の数だけ歴史がある』日向市、一六

ポール・ギルロイ（著）、上野俊哉・毛利嘉孝・鈴木慎一郎（訳）、二〇〇五、『ブラック・アトランティック――近代性と二重意識』月曜社

モーリス・アルヴァックス（著）、小関藤一郎（訳）、二〇一〇、『集合的記憶』行路社、一六―七

エドワード・T・ホール（著）、日高敏隆・佐藤信行（共訳）、一九七〇、『かくれた次元』みすず書房、一六二、一六五

樫永真佐夫、二〇一九、『殴り合いの文化史』左右社、二八二

木本玲一、二〇一八、『拳の近代――明治・大正・昭和のボクシング』現代書館

ブロニスラフ・マリノフスキー（著）、谷口佳子（訳）、一九八七、『マリノフスキー日記』平凡社

Manalo,Ino and Tata Mapa, 2003, "On the Development of Philippine Dress: New Trends," Mons Romulo-Tantoco ed., *Baro: Philippine Fabric and Fashion*, Cabinet Spouses Foundation, 21-6.

増田弘、二〇〇九、『マッカーサー――フィリピン統治から日本占領へ』中央公論新社

港千尋、一九九六、『記憶――「創造」と「想起」の力』講談社、一六八―九
乗松優、二〇一六、『ボクシングと大東亜――東洋選手権と戦後アジア外交』忘羊社、七九、二五二
小幡壮、二〇〇一、「植民地主義と近代スポーツ――フィリピンにおけるスポーツの発展と衰退」『静岡県立大学国際関係学部研究紀要第一四号』静岡県立大学、五五―六七
小瀬木えりの、二〇〇四、「フィリピン産織物ニピスの文化的意味変容をめぐって」加藤剛編著『変容する東南アジア社会――民族・宗教・文化の動態』めこん、三二一―六九
佐藤ヒデキ、一九九九、『Philippines・Boxer』リトルモア
Sheehan, Rebecca, 2013, "'Little Giants of the Ring': Fighting Race and Making Men on the Australia-Philippines Boxing Circuit, 1919-1923," Sean Brawley and Nick Guoth eds., *Australia's Asian Sporting Context, 1920s-30s*, Routledge, 35-6.
Svinth, Joseph R., 2001, "The Origins of Philippines Boxing, 1899-1929," *Journal of Combative Sport* (http://ejmas.com/jcs/ jcsart_svinth_0701.htm, December 20, 2006).
田辺宗英、一九六九、「東海の君子国」、田辺宗英伝刊行委員会編『人間田辺宗英』後楽園スタヂアム、一五八
山本茂、一九八六、『カーン博士の肖像』ベースボール・マガジン、二一一、二三五
柳沼孝一郎、二〇一三、「スペイン帝国の環太平洋関係史――フィリピン諸島における植民統治施政の変遷」、『神田外語大学紀要第二五号』神田外語大学、二八三―三〇六

あとがき

　近代を研究することは、他のどの時代を扱うよりもスリリングな経験です。なぜならば、近代だけが唯一、その時代を生きた人たちから直接話を聞くことができる可能性を有しているからです。一方で、時代が遡れば遡るほど史料は限られ、また現存していても様々な理由で内容が欠落している場合も少なくありません。歴史叙述は時代考証を十分に踏まえていても、仮説を裏付ける最後のピースが欠けていた場合には、いきおい歴史家の想像力でそれを補うこともあるのではないでしょうか。とくに、歴史の中心テーマが権力者や国事だった時代にあっては、日々の雑事などたわいもないことを含めて、庶民の文化や生活を知ることは大きな困難を伴います。出版文化の隆盛によって様々な史料から歴史を検証できる近代のメリットは、政策決定が市井の人々にどのような影響を与えたのかという「トップダウン」のみならず、普通の人々がいかにその時代を逞しく生きたのかという「ボトムアップ」のアプローチを取れる点にあります。

　そのような観点に立った際、本稿に田辺英蔵氏の証言や所蔵史料を収録できなかったことは極めて残念でした。英蔵氏は、本書で取り上げた田辺宗英の三男にあたり、自身も後楽園スタヂアムの経営に参画しました。戦後の大衆文化を形作り、日比ボクシング交流の根本を作り上げながら、裏方に徹した宗英は未だに多くの謎に包まれています。後楽園スタヂアムの副社長として父を支えた英蔵氏ならば、きっと田辺宗英の実像に光をあてる機会を与えてくれたに違いありません。しかし、彼は私と出会う直前の二〇一九（平成三一）年一月二二日、平成という時代の終わりと共にこの世を去りました。仲介の労を取って下さった方によりますと、前作をご覧になった英蔵氏は私の取材を受ける日を心待ちにされていたそうです。私が氏の訃報を聞いたのは、関東学院大学と荒川区役所での非常勤業務の合間を縫って、インタビューの準備をしている最中でした。

調査協力者が急逝するという「アクシデント」は、オーラルヒストリーを研究手法に取り入れた研究者にとって避けては通れない問題です。英蔵氏はたしかに九一歳と高齢ではありましたが、持病もなく晩年まで海外旅行をされるほどお元気でした。それだけに、私は完全に不意を突かれる形になりました。私にもう少し研究に専念する時間的・経済的余裕があればと、今でも悔やまれてなりません。

英蔵氏の死によって、田辺宗英の人物像に迫る機会は失われました。彼の人生を詳らかにすることができれば、ＧＨＱがスポーツの民主化に抱いていた展望や、日本にテレビを持ち込んだ立役者である正力松太郎との関係などが次々と明らかになったはずです。彼の死後、親族の手に遺された貴重な史料が目録化され、然るべき方法で大切に保存され続けることを願うばかりです。その際、可能な限り、一点一点の詳細を残すことが望まれます。史料の作成年月日や作成者、記録内容に加え、どのような経緯を経てそれらが所有者の手に渡ったのかという来歴がわかれば、いつか再び田辺宗英の人生に光が当たった時、新たな歴史の扉が開かれることと思います。故人の冥福を祈ると共に、貴重な史料が英蔵氏や彼の父、田辺宗英の想い出と共に後生まで大切に扱われることを願ってやみません。

蛇足ではありますが、本書における事実関係の誤りは全て筆者の責任です。ご批判やご意見などがございましたら、是非とも私までご指摘いただきますようお願い申し上げます。最後まで読んで下さった皆さまに感謝の気持ちをお伝えし、筆を置きたいと思います。

本書は二〇一八年十月七日、福岡市で開かれた講演会「アジアと出会う旅―ボクシング史料が切り拓く日本・フィリピン関係史―」（福岡ユネスコ協会主催）をもとに一部補筆したものです。年代等は当時のままです。出版化をご承諾いただきました乗松優さんに厚く感謝申し上げます。

（一般財団法人福岡ユネスコ協会）

【著者紹介】

乗松優（のりまつ・すぐる）

一九七七年愛媛県生まれ。ポートランド州立大学歴史学部客員研究員。

九州大学大学院比較社会文化学府修了。博士（比較社会文化）

著書に『ボクシングと大東亜―東洋選手権と戦後アジア外交』（忘羊社、第33回大平正芳記念賞受賞）、論考に「ボクシングから読み直す日本―フィリピン関係史」（『ジャーナリズムは歴史の第一稿である。』成文堂）や「『フジヤマのトビウオ』とブラジル日系コロニアの戦後」（『現代思想』2019・4、青土社）など。

FUKUOKA *u* ブックレット⑰

ボクシング史料が語るアジア
――日本・フィリピン関係史

二〇二〇年八月一〇日 発行

著　者　乗松優
発行者　小野静男
発行所　株式会社　弦書房
（〒810・0041）
福岡市中央区大名二-二-四三
ELK大名ビル三〇一
電　話　〇九二・七二六・九八八五
ＦＡＸ　〇九二・七二六・九八八六

装丁・毛利一枝
印刷・製本　有限会社青雲印刷

ISBN 978-4-86329-201-7 C0021

「FUKUOKA *U* ブックレット」の発刊にあたって

「転換期」ということばが登場して、もうどれくらい経つでしょうか。しかし、「近代」は暮れなずみながら、なお影を長く伸ばし、来るべき新たな時代の姿は依然として定かではありません。

そんな時代に、ここ福岡の地から小冊子「ＦＵＫＵＯＫＡ　Ｕ　ブックレット」を刊行します。

福岡は古くから「文化の十字路」でした。アジア大陸に最も近く、また環東シナ海の要石の位置にあって、さまざまな文化を受け入れる窓口として大きな役割を果たしてきました。近代になっても、アジアとの活発な交流は続き、日本の中で最もアジア的なにおいを宿した都市として知られています。今日ここでは、海陸の風を受けながら、学術や芸術に関わる多彩な活動が繰り広げられていますが、しかしメディアの一極集中のせいで、それは多くの人の耳や目に届いているとは言えません。

「ＦＵＫＵＯＫＡ　Ｕ　ブックレット」は、ユネスコ憲章の「文化の広い普及と正義・自由・平和のための人類の教育とは、人間の尊厳に欠くことのできないものである」という理念に共鳴し、一九四八年以来、旺盛な活動を続けている福岡ユネスコ（Unesco）協会の講演会やシンポジウムを中心に、福岡におけるビビッドな文化活動の一端を紹介しようとするものです。

海（Umi）に開かれた地から発信されるこのシリーズが、普遍的（Universal）な文化の理解（Understanding）に役立つことを願ってやみません。

（二〇一二年七月）

◆弦書房の本

◉FUKUOKA *U* ブックレット❻

日本の俳句はなぜ世界文学なのか

ドナルド・キーン／ツベタナ・クリステワ　「目で聞く、耳で見る――」短詩型文学の魅力を存分に語る。「俳句や短歌は、二千年前から日本人は使ってきていている。それはほかの国にはない。これは誇るべきことです。」（ドナルド・キーン）〈A5判・64頁〉【3刷】　680円

◉FUKUOKA *U* ブックレット❽

よみがえる夢野久作

『東京人の堕落時代』を読む

四方田犬彦　【夢野久作・生誕一二五周年】天才芸術家は作品を通して未来を予測する――夢野久作こそまさにこの言葉を実践していた小説家であった。夢野久作を読むという行為は、これからこそ、真に開始されなければならない。〈A5判・64頁〉　680円

◉FUKUOKA *U* ブックレット❾

かくれキリシタンとは何か

オラショを巡る旅

中園成生　四〇〇年間変わらなかった信仰。「かくれキリシタン信者は、宣教師がいなくなったことで、それまで伝えてきたキリシタン信仰の形を、忠実に継承することしかできなかった――」かくれキリシタンの従来のイメージを覆す。〈A5判・64頁〉【2刷】　680円

◉FUKUOKA *U* ブックレット❿

林権澤は語る　映画・パンソリ・時代

福岡ユネスコ協会編　韓国映画界の巨匠・林権澤（イム・グォン・テク）監督の原点。名作『風の丘を越えて』で知られる巨匠が自らの半生を語る。戦争や時代に翻弄されながら、辿りついた世界観とは。〈A5判・64頁〉　680円

◉FUKUOKA *U* ブックレット⓫

世界の水辺都市を巡る

ヨーロッパ・アジア、そして日本

陣内秀信　水の力で都市がよみがえる――一周遅れのトップランナーのように、近代を乗り越えるためのキーワードが皆「水の都」ヴェネツィアにあった。都市の水辺を市民の手にとりもどすため、注目される世界の水辺空間を紹介する。〈A5判・72頁〉　740円

＊表示価格は税別

◆弦書房の本

◉FUKUOKA *u* ブックレット⑫

変容するアジアの、いま
新しいアジア経済社会論

末廣昭　急速な経済成長、急速な高齢化、広がる格差……いまアジア諸国で何が起きているのか。「生産するアジア」「消費するアジア」《経済的側面》と、「老いてゆくアジア」「疲弊するアジア」《社会的側面》の４つの視点でみるアジアの現在と未来。〈Ａ５判・８８頁〉８００円

◉FUKUOKA *u* ブックレット⑬

Doing History
「歴史」に対して、わたしたちができること

テッサ・モーリス＝スズキ／姜尚中　戦争は「歴史解釈」の相違によって起こる。戦後70年、世界は新たな時代局面を迎えている。いま、あらためて歴史をふりかえり、世界で、日本で何が起こっているのか、わたしたちに何ができるかを問う。〈Ａ５判・６４頁〉６８０円

◉FUKUOKA *u* ブックレット⑭

ブレグジット狂騒曲
英国在住保育士が見た「ＥＵ離脱」

ブレイディみかこ　その時、英国で何が起こっていたのか。英国社会に生きる著者が独自にリポート。移民、格差、右傾化、緊縮財政……欧米でくすぶる諸問題。英国のブレグジット、米国のトランプ現象は世界に、日本に波及して行くかの。〈Ａ５判・６４頁〉６８０円

◉FUKUOKA *u* ブックレット⑮

平成の黙示録
「ヘヴンズ ストーリー」をよむ

瀬々敬久／関一敏　鬼才の問題作に宗教人類学者が迫る。平成に変わった一九八九年からの一〇年間に大きな災害や事件が発生し、平成の闇とも呼ばれたこの時代を表した映画「ヘヴンズ ストーリー」を題材に深いまなざしや思いを語り合う。〈Ａ５判・６４頁〉６８０円

◉FUKUOKA *u* ブックレット⑯

映画にみる韓国と日本
《リメイク作品から考える比較文化論》

チョン・スワン　『泥だらけの純情』『鍵泥棒のメソッド』『リトル・フォレスト』を中心に、韓国の日本映画研究者による映画を通した比較文化論。日本に原作がある、あるいは日本映画のリメイク作品に対して韓国人はどのようなところに魅力を感じるのか。〈Ａ５判・６４頁〉６８０円

＊表示価格は税別